W0171914

ESSEN & GENIESSEN

Großes Buch der MEHLSPEISEN und TEIGWAREN

ESSEN & GENIESSEN

Großes Buch der MEHLSPEISEN und TEIGWAREN

Neue und klassische Köstlichkeiten

NAUMANN & GÖBEL

Sonderausgabe für
Planet Medien AG, Zug
Gesamtherstellung: Planet Medien AG

Mehlspeisen und Teigwaren haben eine lange Tradition, nicht nur in der deutschen, sondern auch in der internationalen Küche.
Die Mutter aller Mehlspeisen war ein einfacher Brei aus Wasser und Hirse, Mehl oder Korn, das Grundnahrungsmittel der kleinen Leute im Mittelalter – eine armselige und eintönige Kost. Da aber der tägliche Kampf ums Überleben ziemlich hart war, legte man mehr Wert auf Quantität als auf Qualität.
Ganz anders waren die Eßgewohnheiten zu dieser Zeit in den zahlreichen Klöstern. Die Mönche, diese „Feinschmecker von Gottes Gnaden", verstanden es, aus einem schlichten Brei mit Milch, Eiern und Schmalz eine köstliche Mehlspeise zu machen. Auch zur Fastenzeit wollten sie ungern auf ihre irdischen Genüsse verzichten, und geschickt wußte Bruder Küchenmeister die strengen Gebote der Kirche zu umgehen.
Da die Klöster Herberge und Hospital zugleich und somit Kommunikationszentren im heutigen Sinne waren, wurden viele Rezepte überliefert.
Im Laufe der Jahrhunderte wurden sie verändert oder ergänzt bzw. dem Geschmack der jeweiligen Zeit angepaßt.
Auch die verschiedenen Arten von Teigwaren, wie Nudeln u.ä., waren eine Erfindung der einfachen Leute. Aber nicht in Italien, dem klassischen Land der Pasta, wurden sie geschaffen, sondern in China. Von dort gelangten sie mit Reisenden, Forschern und Eroberern in die westliche Welt.
Hin und wieder sind Mehlspeisen und Teigwaren etwas aus der Mode gekommen, aber ganz in Vergessenheit gerieten sie nie. Seit der Wiederbelebung der „neuen-alten Küche" sind sie stark im Kommen.
Wir haben für Sie herrliche alte Rezepte neu entdeckt. Lassen Sie sich von süßen Knödeln, goldgelben Pfannkuchen, lockeren Strudeln, raffinierten, hausgemachten Nudeln und vielen anderen Köstlichkeiten ruhig in Versuchung führen. Sie haben weniger Kalorien, als Sie glauben, und die Zubereitung ist einfacher, als Sie denken.
In der einleitenden Warenkunde erfahren Sie alles Wissenswerte über die einzelnen Getreidesorten, über Mehl und die daraus hergestellten Teigspezialitäten. Außerdem werden die wichtigsten Zutaten sowie die benötigten Geräte und Hilfsmittel vorgestellt.
Die angegebene Menge bei den Rezepten ist immer bemessen für vier Portionen.
Wir wünschen viel Vergnügen beim Bereiten der Köstlichkeiten und vor allem beim Genießen!

INHALT

Das kleine Korn mit der großen Kraft

Allgemeines
Ein Getreidekorn, dieser unscheinbare Winzling, ist ein großes Wunder der Natur. Es ist für die menschliche Ernährung sehr wichtig, weil es pflanzliches Eiweiß, Fett, Kohlenhydrate, Vitamine, Mineralstoffe, Spurenelemente, Keimöle und Rohfasern (Ballaststoffe) in besonders ausgewogener Form enthält.
Wo sich die einzelnen Nährstoffe befinden, zeigt die untenstehende Abbildung.

Roggen
Roggen ist kräftig im Geschmack und reich an Vitaminen des B-Komplexes sowie an Eisen, Magnesium, Kalium und Mangan. Nach einem kulinarischen Schattendasein sind Mehle und Erzeugnisse aus Roggen wieder sehr gefragt.

Weizen
Weizen ist die bekannteste und beliebteste Getreideart. Weizenmehle sind in der Küche unentbehrlich und reich an Vitamin A, D und E sowie an Calcium, Magnesium, Phosphor, Kupfer und Schwefel.

Aufbau eines Getreidekorns
Alle Getreidearten wie Roggen, Weizen, Gerste, Hafer, Dinkel, Hirse, Buchweizen, Reis und Mais haben den gleichen Kornaufbau. Bei den Nährstoffen hat jede Sorte ihre Besonderheit:

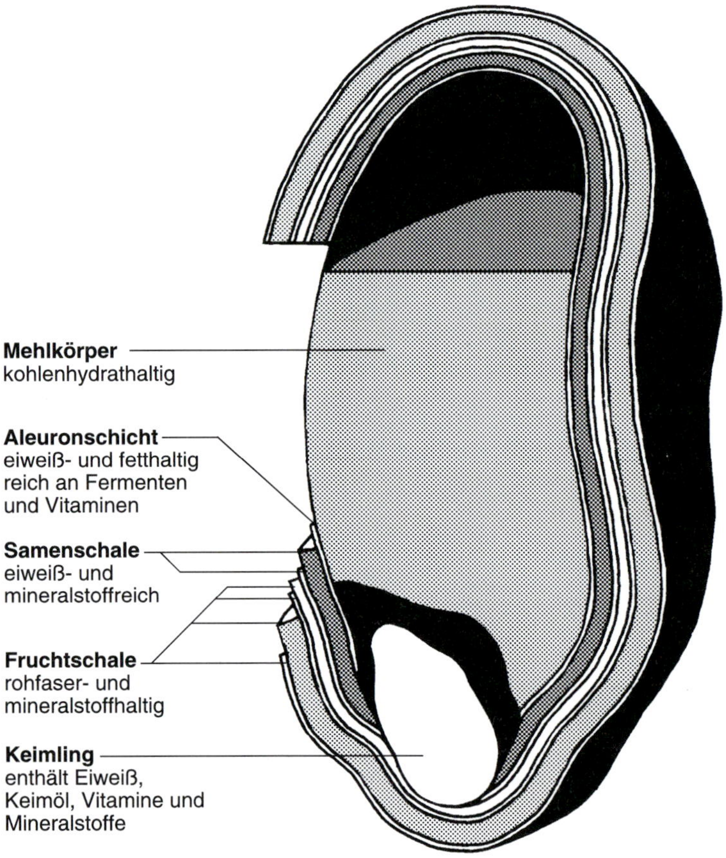

Gerste
Feinschmecker wissen, was sie an diesem, in zahlreichen Mühlenerzeugnissen angebotenen Getreide haben. Die Gerste liefert neben Vitamin B auch zahlreiche Mineralstoffe und Spurenelemente, wie Chlor, Kalium, Schwefel und Phosphor, um nur die wichtigsten zu nennen.

Hafer
Hafer ist besonders reich an ungesättigten Fettsäuren und essentiellen Aminosäuren (die unser Körper dringend benötigt, aber nicht selbst herstellen kann). Hafer enthält auch mehr Mineralstoffe, Vitamine und Eiweiß als andere Getreide.

Hirse
Hirse hat einen herzhaften, nußartigen Geschmack und ist leicht verdaulich. Sie ist besonders reich an Kieselsäure, einer Substanz, die Haare, Haut und Fingernägel gesund und kräftig macht.

Reis
Für mehr als die Hälfte der Weltbevölkerung ist Reis die wichtigste Getreidepflanze. Vollkorn- oder Naturreis hat die beste Nährstoffzusammensetzung mit einem besonders hohen Anteil an Eisen, Niacin und Protein.

Dinkel
Dinkel ist in unreifer Form besser bekannt als Grünkern. Dieser Ur-Weizen hat es verdient, daß man ihm etwas mehr Beachtung schenkt. Er eignet sich besonders gut als Krankenkost, da er beruhigend auf Magen, Darm, Galle und Leber wirkt.

Buchweizen
Nur wegen seiner guten Eigenschaften wird Buchweizen bei den Getreidearten geduldet, er ist nämlich ein Knöterichgewächs. Die kleinen, braunen, dreieckigen Samen, die etwas an Bucheckern erinnern (daher der Name) sind besonders reich an Lecithin, Eiweiß, Kalium und Phosphor.

Mais
Der Mais, das neben Reis und Weizen wichtigste Getreide, wird in heißen und gemäßigten Zonen der ganzen Welt angebaut. Die vitaminreichen Maiskörner wurden lange Zeit nur als Viehfutter verwendet, bis man ihren geschmacklichen Wert entdeckte. Heute sind Maisprodukte aus unserer Küche nicht mehr wegzudenken.

Mehle und Mühlenerzeugnisse aus Getreide

Mehl ist nicht gleich Mehl. Achten Sie beim Einkauf besonders auf die auf der Verpackung angegebene Typenzahl. Sie besagt nämlich, wieviele Mineralstoffe die jeweilige Mehlsorte enthält. Je höher die Zahl, um so größer ist der Anteil, d.h. Mehl mit einer hohen Typenzahl ist gesünder. Im einzelnen sieht das so aus:
Typ 405 – Weizenmehl = 405 mg Mineralstoffe pro 100 g
Typ 550 – Weizenmehl
Typ 1050 – Weizenmehl
Typ 1150 – Roggenmehl
Typ 1370 – Roggenmehl
Typ 1700 – Weizenschrot
Typ 1800 – Roggenschrot

Eigentlich sollten wir uns nur mit grob geschrotetem Mehl aus dem vollen Korn ernähren, weil es uns optimal mit allen Nährstoffen wie Fetten, Mineralstoffen und Vitaminen versorgt. Viele Mehlspeisen gelingen jedoch besser mit feingemahlenem Mehl.
Vom Rohprodukt Getreide bis hin zum Endprodukt Mehl, Schrot, Grieß, Grütze oder Flocken ist es ein langer Weg. Das nebenstehende Schaubild zeigt den Produktionsablauf.

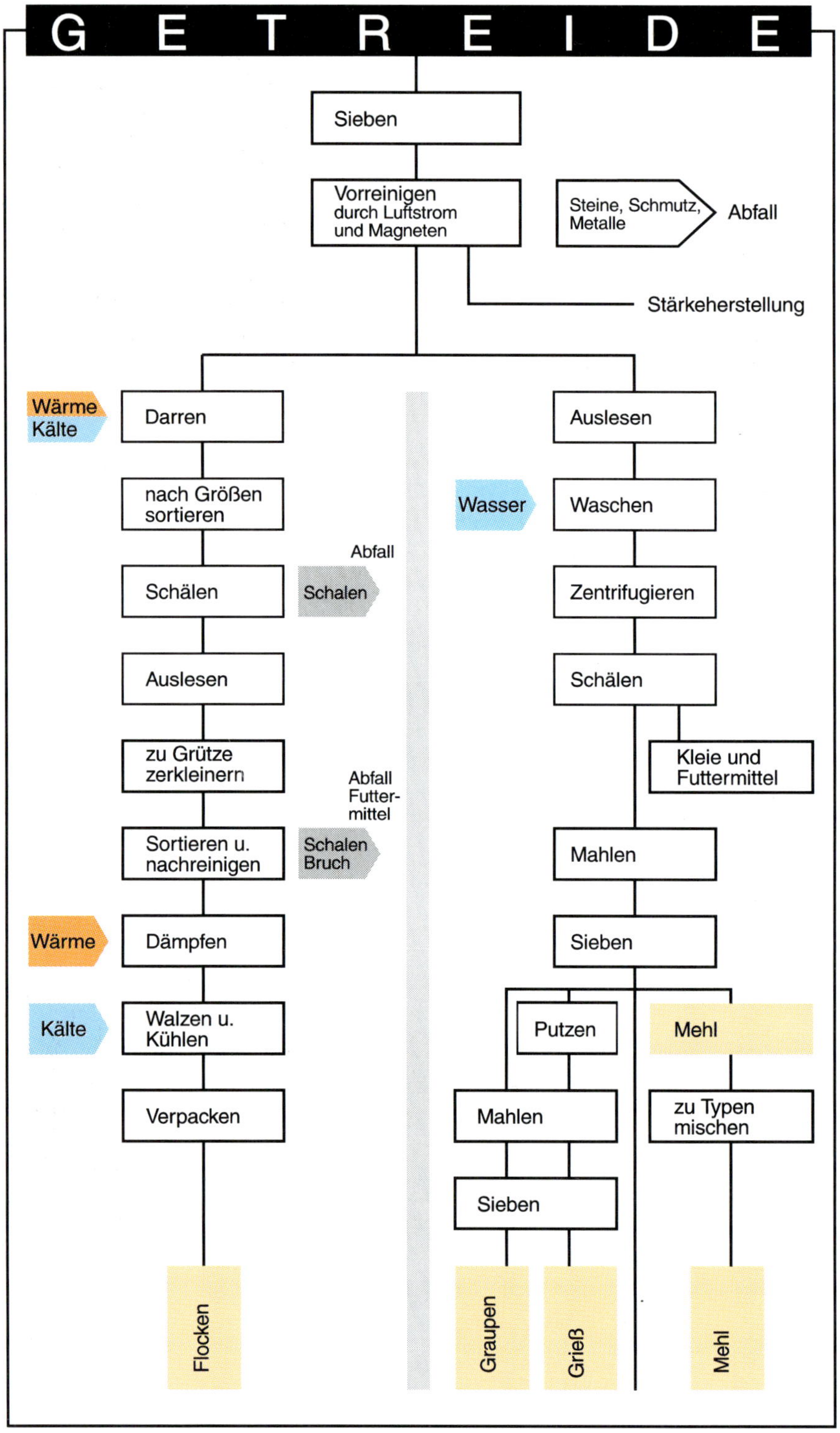

Industrielle Verarbeitung von Getreide

Frisch mahlen oder fertig kaufen?

Diese Frage ist gar nicht so einfach zu beantworten. Die Anschaffung einer Haushaltsgetreidemühle hängt von vielen Kriterien ab. Lohnend ist eine Investition nur dann, wenn des öfteren große Mengen von Mahlgut anfallen. Empfehlenswert sind elektrische Mühlen mit mehreren Funktionen und einem robusten Mahlwerk. Aber diese Geräte haben ihren Preis. Achten Sie besonders darauf, daß sie leicht zu reinigen sind, denn auf den Mahlresten siedeln sich schnell Bakterien an.

Weiße, fein gemahlene Mehle sind locker und trocken und bei richtiger Aufbewahrung auch einige Zeit lagerfähig. Richtige Aufbewahrung heißt, daß sie immer verschlossen und trocken gelagert werden sollten, damit sie keine fremden Gerüche annehmen und muffig bzw. feucht und klumpig werden.

Konfektioniertes, d.h. in der Fabrik hergestelltes Mehl ist frei von Rückständen und Ungeziefer und muß nicht mehr gesiebt werden.

Vollkornmehle werden durch den Fettanteil leicht ranzig und sind nur begrenzt haltbar.

Fleischlos glücklich – Mehlspeisen neu entdeckt

Gut gerührt ist halb gelungen
Oft wird unterschätzt, wie wichtig das Rühren für einen guten Teig ist. Je sorgfältiger man rührt und dadurch auch Luft in den Teig einführt, desto feiner wird der Teig. Oft hängt das Gelingen einer Speise vom Rühren ab. Pfannkuchenteig, den man mit einer Gabel schlägt, wird z.B. viel lockerer. Wenn Sie es ausprobieren, werden Sie feststellen, daß sorgfältiges Rühren wirklich zum guten Gelingen Ihrer Mehlspeise beiträgt.

Nach diesem allgemeinen Überblick hier noch einige genauere Informationen zu Pfannkuchen, Knödeln, Ausgebackenem, Strudeln, Rollen, Taschen, Aufläufen, Puddings und Waffeln:

Pfannkuchen
Spezialisten wischen die Pfanne nach Gebrauch nur mit weichem Papier aus. Außerdem wird sie nur zum Backen von Pfannkuchen benutzt. Mit etwas Übung und gutem Butterschmalz gelingt jeder Pfannkuchen. Gut Schmalz in die Pfanne und heiß, aber nicht braun werden lassen. Den Teig hineingeben und die Pfanne drehen, damit er sich gleichmäßig verteilt. Leicht mit der Gabel einstechen, so daß sich auf der Oberfläche kein Teig absetzt. Die Pfanne ab und zu schwenken, damit der Kuchen gleichmäßig bräunt und sich vom Pfannenboden löst (wenn er etwas klebt, einfach ein Stückchen Fett unterschieben). Anfänger wenden ihn mit Hilfe eines Tellers oder Deckels. Fortgeschrittene Pfannkuchen-Bäkker können die „Salto-Mortale-Wende" vorführen.

Knödel
Knödel, Buchteln, Dampf- und Rohrnudeln sind die klassischen Mehlspeisen. In den meisten Fällen werden sie aus Hefeteig zubereitet, der vor der Weiterverarbeitung gut aufgehen muß. Die Mikroorganismen der Hefe bauen einen Teil des Zukkers ab. Bei diesem Gärvorgang wird Kohlendioxid freigesetzt, das den Teig auflockert und aufbläht. Allerdings muß die Temperatur stimmen (etwa 40-45°C), sonst geht überhaupt nichts!

Ausgebackenes
Ausgebackenes, auch Schmalzgebakkenes genannt, ist eine beliebte Fastenspeise. Damit die Ballen, Krapfen, Beignets usw. gelingen, sollte man folgendes beachten:
Fett – und zwar das richtige – ist sehr wichtig. Am besten eignet sich Butterschmalz, weil es geschmacksneutral ist und einen hohen Siedepunkt hat. Ebenso wichtig ist das richtige Ausbackgefäß. Routinierte Hausfrauen ziehen eine hohe eiserne Backpfanne mit langem Stiel jedem anderen Utensil vor. Diese Pfanne hat den Vorteil, daß sich das Fett schnell erhitzt und auch wieder abkühlt. Durch den langen Stiel läßt sich die Pfanne gut bewegen, und das Backgut bräunt gleichmäßig. Außerdem ist es ratsam, nicht zu viel auf einmal, sondern alles in kleineren Portionen nach und nach auszubacken (dies ist besonders wichtig, wenn das Backwerk während des Backens noch aufgeht). Wie bereits erwähnt, gehört etwas Können dazu, mit einer guten alten Pfanne auszubacken. Außerdem ist es nicht ganz ungefährlich, deshalb schlagen wir in unseren Rezepten den Einsatz einer modernen Friteuse vor. Wenn Sie es sich zutrauen, und noch so ein Küchenschätzchen besitzen, sollten Sie es jedoch ruhig einmal damit versuchen.

Strudel, Rollen und Taschen
Strudel-, Rollen- und Taschenteig muß immer hauchdünn ausgerollt bzw. ausgezogen werden. Dazu wird er nach einer Ruhezeit von 20 bis 30 Minuten zuerst auf einem bemehlten Leinentuch dünn ausgerollt und dann über dem Handrücken ausgezogen. Das hört sich schwieriger an, als es ist. Sie müssen unter den Teig greifen und vorsichtig ziehen. Sollte es nicht beim ersten Mal gelingen, kneten Sie den Teig wieder zusammen und beginnen von neuem. Wenn es gelungen ist, legen Sie den gut ausgezogenen Teig zurück auf das bemehlte Leinentuch, streichen die vorbereitete Füllung darauf, schlagen die Teigränder nach innen und rollen, mit Hilfe des Tuches, das Ganze auf. Das Backwerk sollte mit der Naht nach unten auf das Backblech gelegt werden.

Aufläufe und Puddings
Aufläufe und Puddings, genauer gesagt, Kochpuddings, scheinen zwar auf den ersten Blick identisch zu sein, aber dies ist nicht der Fall. Die Konsistenz eines Puddings muß fester und kräftiger sein als die einer Auflaufmasse, da ersterer gestürzt wird. Wie schon der Name Kochpudding sagt, wird er gekocht und nicht gebacken. Dies gelingt am besten im nicht zu heißen Ofen im Wasserbad. Dabei steht die Form in einem größeren, etwas über die Hälfte mit kochendem Wasser gefüllten Gefäß und kocht langsam vor sich hin. Daß der Kochvorgang langsam und gleichmäßig vonstatten geht, ist für das gute Gelingen eines Puddings von großer Wichtigkeit. Das verdampfte Wasser wird von Zeit zu Zeit ersetzt, damit die Füllhöhe gleich bleibt. Wenn der Ofen zu heiß ist, wird der Pudding an der Oberfläche zu schnell braun. Decken Sie ihn dann mit Alufolie oder Backpapier ab.
Wenn Sie den Pudding auf dem Herd im Wasserbad kochen, müssen Sie darauf achten, daß kein Wasser in die Form läuft. Nach dem Kochen sollte der Pudding sofort gestürzt, die Form aber erst nach 5-8 Minuten abgenommen werden. Sollte sich der Pudding schlecht aus der Form lösen lassen, fahren Sie vorsichtig mit einem dünnen Messer an der Innenseite des Gefäßes entlang, ohne die Speise zu beschädigen.

Waffeln
Dank moderner Waffeleisen ist das Waffelbacken heute wieder sehr beliebt. Fast jeder Landstrich hat seine besonderen Waffeln – von herzhaft pikant bis hin zur feinen Teewaffel. Der Fantasie sind keine Grenzen gesetzt. Wir geben Ihnen im Rezeptteil einige Anregungen, alles weitere ist Ihrer Kreativität überlassen. Nur an eines sollten Sie beim Waffelbacken immer denken, nie zuviel Teig auf das Eisen geben!

Spaghetti
Das Wort Spaghetti bedeutet „kleine Stricke". Sie sind die bekannteste aller Nudelarten. Der Begriff Spaghetti ist genau definiert, und zwar handelt es sich dabei um lange, dünne Nudeln ohne Hohlraum.

Teigwaren selbstgemacht

Allgemeines

Teigwaren selber machen ist ein gesunder Spaß – und eine Weltanschauung. Beispielsweise eine Weltanschauung für eine gestandene schwäbische Hausfrau, der es nie in den Sinn kommen würde, Teigwaren, wie die geliebten Maultaschen und Spätzle, fertig zu kaufen. Die überlieferten Rezepte hütet sie wie ihren Augapfel.
In zahlreichen Mundartgedichten werden Teigwaren und die perfekte Köchin derselben gepriesen. Jungen Mädchen wird sogar vorausgesagt, daß sie nicht mit Schönheit, sondern nur mit schmackhaften, hausgemachten Nudeln das Herz eines Mannes erringen können.
Auch in Italien, dem klassischen Pasta-Land, sind trotz des umfangreichen Angebotes an trockenen Fertigteigwaren frisch hergestellte Nudeln ungemein beliebt. Zu beneiden ist die italienische Hausfrau, die von Zeit zu Zeit auf ihren freundlichen Nudelmacher an der Ecke zurückgreifen und dessen große, kleine, dikke, dünne, breite oder schmale Kunstwerke als ihre eigenen servieren kann. Dabei kann sie es auch noch guten Gewissens tun, denn seine Riesenmaschine arbeitet nach dem gleichen Prinzip wie der kleine "Nudelmacher" zu Hause.
Neben Pommes frites, Pizza und Bratwurst lieben Kinder Nudeln ganz besonders. Wenn sie dann beim Herstellen auch noch mithelfen dürfen, ist das Eßvergnügen komplett. Außer dem Spieleffekt ist der erzieherische Wert von Bedeutung. Wer erkennt, wieviel Mühe und Arbeit es kostet, das Essen herzustellen, wird auch sorgfältiger damit umgehen und weniger mäkeln.
Und noch etwas ist bei Teigwaren wichtig zu wissen: Sie sind nicht die kalorienreichen Dickmacher, sondern ernährungswissenschaftlich betrachtet sehr wertvolle Nahrungsmittel. Eiernudeln enthalten neben lebenswichtigem Eiweiß auch viele Kohlenhydrate sowie Vitamine und Mineralstoffe, aber nur wenig Fett. All diese Substanzen benötigen vor allem Kinder zu einem gesunden Wachstum. Und was für Kinder gut ist, kann für Erwachsene ja auch nicht schlecht sein!
In Teigwaren sind im Durchschnitt einige Vitamine und Mineralstoffe enthalten. Hier eine kleine Übersicht über diese Nährwerte:
In Eierteigwaren, d.h. Teigwaren, bei denen der Nudelteig mit Eiern hergestellt wird, sind pro 100 g (gekochte Nudeln) 60 µg Vitamin A enthalten. Nudelteig, der ohne Eier hergestellt wird, enthält kein Vitamin A. Im Gegensatz zu Teigwaren enthalten Kartoffeln nur 2 µg Vitamin A.
µg = Mikrogramm (1 µg = 0,001 mg)

Vitamin A stabilisiert die Zellwände und macht sie gleichzeitig elastisch. Außerdem stärkt es die Sehnerven und schützt vor Nachtblindheit. Erwachsene sollten pro Tag ca. 1 mg Vitamin A zu sich nehmen.

In Teigwaren sind außerdem die *Vitamine B 1 und B 2* enthalten und zwar pro 100 g gekochte Nudeln 0,20 mg B 1 und 0,10 mg B 2. In eifreien Nudeln sind nur 0,09 mg B 1 und 0,06 mg B 2. Im Gegensatz dazu enthalten Kartoffeln auf 100 g
B 1 = 0,08 mg und
B 2 = 0,01 mg.
Vitamin B 1 und B 2 sind wichtig für den gesamten Stoffwechsel und das Wachstum.

Calcium ist in Teigwaren ebenfalls enthalten. In 100 g Nudeln sind 20 mg Calcium vorhanden. Bei eifreien Nudeln sogar 22 mg. Kartoffeln haben dagegen nur 12 mg Calcium auf 100 g.
Calcium sorgt für einen stabilen Knochenbau (in Verbindung mit Vitamin D) und für kräftige Zähne.

Natrium als Mineralstoff ist in den Teigwaren enthalten durch die Beigabe von Salz in dem Teig. Pro 100 g gekochten Nudeln haben die Teigwaren ca. 7 mg Natrium. Kartoffeln dagegen haben kein Natrium. Natrium reguliert den Wasserhaushalt.

Als weiterer Mineralstoff ist *Eisen* in Teigwaren enthalten und zwar auf 100 g Teigwaren 2,1 mg, in eifreien Nudeln 1,5 mg. In Kartoffeln dagegen ist nur 0,8 mg Eisen in 100 g enthalten.
Eisen ist wichtig für die Bildung roter Blutkörperchen.

Gewellte Bandnudeln
Gewellte Bandnudeln werden auch Lasagnetten genannt. Sie sind eine kleinere Version der Lasagnenudeln, flach, ca. 18 mm breit und am Rand gewellt. Man kann sie mit der Nudelmaschine herstellen. Wer so einen Helfer nicht besitzt, der kann sie auch mit einem gewellten Teigrädchen ausschneiden.

Ravioli
Ravioli sind die bekanntesten, gefüllten Teigwaren. Man kann sie mit der Nudelmaschine, Raviolibrettern oder mit der Hand selber herstellen.

Capelli d'angelo
Capelli d'angelo ist die dünnste Bandnudelart, die man selber herstellen kann. Capelli d'angelo (Engelshaar) sind nur 1 mm breit und lassen sich gleichmäßig nur mit der Nudelmaschine herstellen.

Runde Ravioli
Runde Ravioli stellen eine andere Form der Ravioli dar. Sie werden mit Förmchen ausgestochen und zusammengeklappt. Diese Art von Ravioli kann man mit der Nudelmaschine nicht herstellen.

Trenette, Tagliatelle und Fettuccine
Trenette, Tagliatelle und Fettuccine sind Bandnudeln, es gibt sie in unterschiedlichen Breiten. Die Bandnudeln auf unserer Abbildung haben eine Breite von 3 mm. Sie werden neben den Spaghetti am meisten verwendet.

Cannelloni
Cannelloni bedeutet „große Röhren" und beschreibt eine hohle zylindrische Teigwarenart. Cannelloni sind zu Platten ausgeschnittener Teig, der zu Röhren aufgerollt und mit verschiedenen Füllungen bestrichen wird. Sie werden mit Käse und Sauce im Ofen gegart.

Tortellini
Unter Tortellini versteht man kleine, gefüllte Teigtaschen. Der Nabel der Venus soll angeblich das Vorbild für die Form der Tortellini gewesen sein. Man kann sie mit der Hand herstellen oder auf sogenannten Tortellinibrettern.

Zutaten

Beim Anblick solch' leckerer Teigwaren ist Ihnen sicher das Wasser im Mund zusammengelaufen?!
Nur frisch an's Werk, es hat jeder einmal angefangen. Das Grundrezept für den Hausmacher-Teig („Pasta all úovo" oder auch „Pastafatta in casa") ist denkbar einfach.
Eigentlich sollte auch dem selbstgemachten Nudelteig Weizengrieß beigegeben werden. Die im Handel erhältlichen Trockenprodukte enthalten ihn ebenfalls. Aber Weizenmehl ist ein guter Ersatz. Die weiteren Zutaten für einen Nudelteig bestehen aus Eiern, Salz, ein wenig Wasser oder Öl.
Das Ganze muß man kräftig durchkneten (maschinell oder manuell), bis daraus ein geschmeidiger Teig wird. Ist die Masse zu trocken geraten, hilft etwas Öl, ist sie noch klebrig, wird etwas Mehl hinzugefügt.
Die Qualität eines guten Nudelteiges kann man prüfen, indem man mit den Fingern über die Oberfläche streicht. Sie sollte seidig glatt und geschmeidig sein.
Eine Variante des Grundrezeptes ist die Zubereitung mit Vollkorn-Produkten. Damit tun Sie noch mehr für die Gesundheit Ihrer Familie. Außer der vollen Kraft des Korns sind darin die für unsere Verdauung so wichtigen Ballaststoffe enthalten.
Der Geschmack von Vollkornnudeln ist außerdem sehr kräftig. Bei der Zubereitung von Nudelteigen mit Vollkornmehl sollte man darauf achten, daß man den Teig länger kneten muß, um eine gute Qualität zu erreichen. Bei Vollkornteigen sollte auch mehr Flüssigkeit verwendet werden, da sie mehr Ballaststoffe enthalten.
Den fertigen Teig in Frischhaltefolie wickeln und ca. 30-40 Minuten im Kühlschrank ruhen lassen.
Falls Sie Nudeln auf Vorrat zubereiten möchten, kein Problem! Sie können die fertig ausgerollten bzw. geschnittenen Nudeln trocknen lassen und in geschlossenen Gefäßen bis zu zwei Monate aufbewahren.
Das Grundrezept können Sie in bezug auf die Farbe der Nudeln beliebig abwandeln. Gemüsepüree oder -säfte, Kräuter und Gewürze lassen Teigwaren herrlich bunt werden.
Auch lassen sich kleine Gemüsemuffel mit farbigen „Schmankerln" wunderbar überlisten (sie essen Gemüse, ohne es zu merken).

Grün werden Nudeln durch frischen oder tiefgefrorenen pürierten Spinat. Schön gelb werden sie mit 2-3 Teelöffeln Kurkuma, das außerdem das Aroma positiv beeinflußt. Eine kräftige rote Farbe bekommen Nudeln mit gekochter, pürierter roter Bete. Wenn man Tomatenmark unter den Nudelteig gibt, wird er ebenfalls rot, allerdings nicht so kräftig wie mit roter Bete. Leuchtend orange-gelb werden Nudeln mit gekochten und fein pürierten Möhren.
Die fertigen Nudeln werden in ausreichend kochendes Salzwasser gegeben. Die Faustregel besagt: Die zehnfache Menge der Nudeln an Wasser, also auf 100 g Nudeln kommt 1 l Wasser.
Damit die Nudeln beim Kochen nicht verkleben, gibt man etwas Öl ins Wasser.
Frische Nudeln haben eine Kochzeit von ca. 1-2 Minuten. Sie sollten „al dente" sein. „Al dente" heißt „der Zahn", und dieser möchte Ihre Nudeln noch beißen können. Sie dürfen also nicht zu gar sein.

Geräte und Hilfsmittel

Für das Herstellen von Teigwaren benötigt man einige Geräte und Hilfsmittel.
Das fängt an mit der Teigzubereitung. Hierfür sind Hilfsmittel nötig, die in jedem guten Haushalt vorhanden sind. Eine ausreichend große Rührschüssel (1) mit rutschfestem Boden gewährleistet, daß beim kräftigen Kneten nichts vom Tisch fällt. Den Nudelteig kann man allerdings auch direkt auf der Arbeitsfläche zubereiten. Dafür benötigt man aber ein wenig Fingerspitzengefühl, damit das Mehl nicht in der ganzen Küche „herumfliegt". Zum Sieben des Mehls eignet sich ein feines Haarsieb (2). Am besten kann man den Teig mit den Händen verkneten. Aber einfacher ist dies, wenn man zu Beginn ein Handrührgerät (3) nimmt, doch auch mit Schneebesen (4) und Holzlöffel (5) kann man die ersten „Rührarbeiten" erledigen.
Für die Weiterverarbeitung der Teigwaren genügt normalerweise für den Hausgebrauch eine Teigrolle (6) und ein schlichtes Messer (7) zum Zuschneiden von Platten, Streifen, breiten und schmalen Bandnudeln.
Wenn Ihnen das „Selbernudeln" allerdings schon zur Leidenschaft geworden ist, reichen Ihnen diese Geräte sicherlich nicht aus. Hierfür sind auf dem Markt einige Hilfsmittel zu erstehen, die die Arbeit zum Vergnügen werden lassen.
Wir haben uns für Sie in den Kaufhäusern umgesehen und einige Geräte gefunden, die jedes „Nudelmacherherz" höher schlagen lassen. Dazu sei angemerkt, daß wir nur Empfehlungen aussprechen wollen und die Geräte nicht auf ihre Zweckmäßigkeit, Haltbarkeit oder auf ihr Kosten-Leistungsverhältnis geprüft haben. Auch können in der Zwischenzeit weitere Utensilien in den Handel gekommen sein, die wir nicht mehr berücksichtigen konnten.
Eine Verbesserung des „alten" Nudelholzes ist eine Teigrolle aus Metall (8). Man kann sie vor dem Gebrauch in den Kühlschrank legen, um sie zu kühlen. Danach klebt der Teig nicht mehr an der Rolle fest.
Der Teig läßt sich auch mit einer Nudelmaschine (9) ausrollen. Mit ihr kann man außerdem Platten und Streifen für Lasagne, Bandnudeln oder Spaghetti schneiden. Mit einem speziellen Vorsatz kann man sogar Ravioli herstellen (10). Die Nudelmaschine wird von Hand betrieben. Ihre Anschaffung lohnt sich allerdings erst, wenn man häufiger Teigwaren zubereiten möchte.
Ravioli lassen sich mit einem Ravioliausstecher (11) herstellen. Der Vorteil bei diesem Ausstecher liegt darin, daß er ebenfalls die Teigkanten um die Füllung herum gut festdrückt. Glatte oder gewellte Ausstechförmchen (12) für Teigtaschen, Ravioli usw. findet man ebenfalls im Handel. Mit diesen beiden Teigrädchen, glatt (13) oder gewellt (14), kann man fertig ausgerollte Nudelteige wunderbar gleichmäßig ausschneiden.
Für die Zubereitung von hausgemachten Spätzle sind folgende Geräte von Vorteil: die Spätzlepresse (15), die für Anfänger sehr zu empfehlen ist, da sie ganz einfach zu handhaben ist. Und außerdem das Spätzlebrett mit Spachtel (16), das dagegen sehr viel Geschick verlangt. Nach dem Garen von z.B. Spaghetti eignet sich dieser Spaghettilöffel (17) hervorragend zum Verteilen der widerspenstigen Nudeln. Hiermit haben Sie die „Schnürchen" im Griff. Zu Nudeln gehört Parmesan wie Butter zum Brot. Mit diesem Parmesanmesser (18) läßt sich selbst härtester Parmesan in handliche Brocken teilen. Es soll Profis geben, die sogar 25 kg schwere Parmesanlaibe damit „aufbrechen".

1
2
3
6
8
10
18
16
15
13
5
14
17

Pfannkuchen satt – vom Crêpe bis zum Schmarren

Pfannkuchen, Plinsen, Eierkuchen, Schmarren, Struwen, Blinis oder Crêpes, diese wohl bekannteste Mehlspeise hat viele Namen und Variationen. In allen Teilen der Welt liebt man die schmackhaften, dünnen, in der Pfanne gebackenen Kuchen.

TIP

Zum Kochen und Backen sollten Sie immer späte Früchte nehmen. Sie lösen sich leicht vom Stein, haben festes, aromatisches Fleisch und entfalten bei der Zubereitung ihre volle Süße.

Oma's Pflaumenpfannkuchen

500 g Pflaumen
2 El Rotwein
1 El Zitronensaft
1 Zimtstange
Das Innere 1 Vanillestange
3 Nelken
500 g Gelierzucker
4 Eier
125 ml Milch
4 El Mehl
Salz
1 Päckchen Vanillinzucker
2 El Butterschmalz
Zitronenmelisse zum Garnieren

1. Die Pflaumen waschen, entkernen und zusammen mit dem Rotwein und dem Zitronensaft im Mixer pürieren.
2. Das Mus mit der Zimtstange, dem Inneren der Vanillestange, den Nelken und dem Gelierzucker in einen Topf geben. Das Ganze langsam unter Rühren aufkochen lassen. Ca. 1 Minute sprudelnd kochen lassen.
3. Das Pflaumenmus abschäumen und in vorbereitete Gläser füllen. Die Gläser sofort verschließen.
4. Die Eier verquirlen. Die Milch mit dem Mehl, Salz und Vanillinzucker dazugeben und aus dem Ganzen einen Pfannkuchenteig rühren.
5. Das Butterschmalz erhitzen und aus dem Pfannkuchenteig darin nacheinander vier Pfannkuchen ausbacken.
6. Die fertigen Pfannkuchen mit dem Pflaumenmus bestreichen, zusammenrollen und schräg in 3 cm breite Streifen schneiden.
7. Die Pfannkuchen anrichten, mit der Zitronenmelisse garnieren und servieren.

Pro Portion
ca. 3138 kJ/747 kcal
Vorbereitungszeit: 25 Minuten
Zubereitungszeit: 20 Minuten

Italienische Pfannkuchen-Lasagne

175 g Mehl
2 Eier
1/4 l Milch
Salz
Öl zum Braten
3 rote Zwiebeln
300 g gemischtes Hackfleisch
1 El Olivenöl
Pfeffer
Paprikapulver
2 Fleischtomaten
1 Bund Basilikum
1 Becher Crème fraîche
2 Eier
125 g Parmesan
Fett für die Form
Tomatenscheiben und glatte
Petersilie zum Garnieren

1. Das Mehl mit den Eiern, der Milch und Salz zu einem Pfannkuchenteig verrühren (Abb. 1).
2. Das Öl in einer Pfanne erhitzen und 1/4 des Teiges hineingeben (Abb. 2). Sobald die Unterseite braun gebacken ist, den Pfannkuchen auf einen Pfannendeckel gleiten lassen (Abb. 3). Die Pfanne kopfüber auf den Deckel halten und das Ganze so umdrehen, daß der Pfannkuchen gewendet ist (Abb. 4). Die zweite Seite ebenfalls goldbraun braten. Den Rest des Teiges ebenso zubereiten. Die fertigen Pfannkuchen abkühlen lassen.
3. Die Zwiebeln schälen und in feine Würfel schneiden (Abb. 5).
4. Das Hackfleisch in dem erhitzten Olivenöl bröselig anbraten (Abb. 6). Mit Salz, Pfeffer und Paprika würzen. Die Zwiebeln dazugeben und mit anbraten (Abb. 7).
5. Die Fleischtomaten waschen und in Scheiben schneiden (Abb. 8). Das Basilikum waschen und die Blätter abzupfen (Abb. 9).
6. Die Crème fraîche mit den Eiern und dem Parmesan vermengen.
7. Eine geeignete runde Auflaufform einfetten. Als erstes einen Pfannkuchen in die Form legen (Abb. 10). 1/3 des Hackfleisches darauf verteilen. Ein paar Tomatenscheiben darauf legen (Abb. 11) und diese mit Basilikumblättern bedecken. 1/4 der Sauce darüber streichen (Abb. 12) und mit einem Pfannkuchen abdekken. So weiter schichten, bis alle Zutaten verbraucht sind. Als letzte Schicht sollte ein Pfannkuchen liegen, der noch mit etwas Sauce bestrichen ist (Abb. 13).
8. Die Pfannkuchenlasagne im vorgeheizten Backofen bei 200 °C ca. 30 Minuten backen.
9. Die Lasagne anrichten, mit Tomatenscheiben und Basilikum garnieren und servieren.

Pro Portion
ca. 4237 kJ/1009 kcal
Vorbereitungszeit: 45 Minuten
Zubereitungszeit: 30 Minuten

Abb. 1

Abb. 2

Abb. 3

Abb. 4

Abb. 5

Abb. 6

Abb. 7

Abb. 8

TIP

Wenn Sie die Lasagne etwas kräftiger haben wollen, nehmen Sie die Hälfte Hafervollkorn- und die andere Hälfte Weizenmehl oder Dinkelvollkornmehl. Beide Vollkornmehle werden in Naturkost-Läden und Reformhäusern angeboten.

Abb. 9

Abb. 10

Abb. 11

Abb. 12

Abb. 13

Blinis mit Sauerrahm

1/2 l Milch
25 g Frischhefe
250 g feines Buchweizenmehl
250 g Weizenmehl Typ 405
4 Eier
Salz
1/2 Becher süße Sahne (125 g)
1 El Öl zum Braten
1 Bund Schnittlauch
1 Becher saure Sahne (200 g)
Saft 1 Zitrone
2 cl Wodka
Gurkenscheiben, Zitronenachtel und Schnittlauch zum Garnieren

1. Die Milch leicht erwärmen und die Hefe darin auflösen (Abb. 1). Das Ganze mit dem Buchweizen- und dem Weizenmehl vermengen.
2. Die Eier trennen. Das Eigelb zusammen mit dem Salz zu dem Teig geben und unterrühren (Abb. 2). Den Teig abgedeckt an einem warmen Ort ca. 30 Minuten gehen lassen.
3. In der Zwischenzeit das Eiweiß steif schlagen. Die Sahne ebenfalls steif schlagen. Beides vorsichtig unter den Teig heben (Abb. 3).
4. Das Öl in einer Pfanne erhitzen und aus dem Teig darin kleine Blinis backen (Abb. 4).
5. Den Schnittlauch waschen, trockenschleudern und in feine Röllchen schneiden. Die saure Sahne glattrühren, mit dem Zitronensaft und dem Wodka abschmecken. Den Schnittlauch dazugeben.
6. Die Blinis anrichten, jeweils einen Klecks Sauerrahm darauf geben (Abb. 5), mit Gurkenscheiben, Zitronenachteln und Schnittlauch garnieren und servieren.

Pro Portion
ca. 3182 kJ/757 kcal
Vorbereitungszeit: 30 Minuten
Zubereitungszeit: 30 Minuten

Abb. 1

Abb. 2

Abb. 3

Abb. 4

Abb. 5

Kaiserschmarren

80 g Korinthen
2 El Rum
2 El gehobelte Mandeln
4 Eier
1/8 l Milch
60 g Zucker
Salz
125 g feines Weizenmehl
2 El Butter zum Braten
Puderzucker zum Bestäuben
Minzezweige zum Garnieren

1. Die Korinthen in dem Rum ca. 30 Minuten einweichen.
2. In der Zwischenzeit die gehobelten Mandeln in einer Pfanne ohne Fett goldbraun rösten. Bereitstellen.
3. Die Eier trennen und das Eiweiß steif schlagen. Das Eigelb schaumig schlagen und mit der Milch, dem Zucker, Salz und dem Mehl verrühren. Die Korinthen ebenfalls in den Teig rühren.
4. Die Butter in einer Pfanne erhitzen. Das Eiweiß vorsichtig darunterheben und den Teig portionsweise in die Pfanne geben. Von beiden Seiten goldbraun ausbacken und noch in der Pfanne mit zwei Gabeln auseinanderzupfen.
5. Die Kaiserschmarren anrichten, mit Puderzucker bestäuben, mit Mandelblättchen bestreuen und mit Minze garniert servieren.

Pro Portion
ca. 1535 kJ/365 kcal
Vorbereitungszeit: 30 Minuten
Zubereitungszeit: 30 Minuten

Schokoladenschmarren

Den Schmarren wie beschrieben zubereiten. Allerdings nicht mit Puderzucker und Mandelblättchen bestreuen, sondern mit einer Sauce aus 1 Tafel geschmolzener Vollmilchschokolade und 1 Becher süßer Sahne begießen.

Pro Portion
ca. 2893 kJ/689 kcal
Vorbereitungszeit: 30 Minuten
Zubereitungszeit: 30 Minuten

Flambierter Kirschschmarren

500 g Kirschen waschen, entkernen und unter den Schmarrenteig geben. Den Teig wie im Hauptrezept beschrieben ausbacken. Nach dem Auseinanderzupfen des Schmarrens das Ganze mit 2 El Kirschwasser flambieren. Mit 3 El Dessertkirschsauce (Fertigprodukt) ablöschen und sofort servieren.

Pro Portion
ca. 2037 kJ/485 kcal
Vorbereitungszeit: 30 Minuten
Zubereitungszeit: 30 Minuten

Schmarren mit Vanilleeissauce

Den Kaiserschmarren wie beschrieben zubereiten. In der Zwischenzeit 250 g Vanilleeis auftauen lassen und als Sauce mit dem Schmarren anrichten.

Pro Portion
ca. 2110 kJ/502 kcal
Vorbereitungszeit: 30 Minuten
Zubereitungszeit: 30 Minuten

Karfreitags-Struwen

150 g Rosinen
250 g Mehl
1/2 l lauwarme Milch
3 Eier
Salz
1 El Zucker
1/2 Würfel frische Hefe
50 g zerlassene Butter
1 säuerlicher Apfel
2 El Öl zum Braten
Zucker zum Bestreuen
Apfelscheiben, rote Johannisbeeren
und Minzezweige zum Garnieren

1. Die Rosinen in einen Topf geben, mit Wasser bedecken und einmal aufkochen lassen. Danach auf ein Sieb geben und abtropfen lassen (Abb. 1).
2. Das Mehl mit der lauwarmen Milch, den Eiern und Salz verrühren.
3. Den Zucker mit der Hefe verrühren, so daß die Hefe flüssig wird (Abb. 2). Dann zu dem Teig geben. Das Ganze gut mit der Butter verrühren und den Teig zugedeckt an einem warmen Ort ca. 30 Minuten gehen lassen.
4. Den Apfel schälen, entkernen und in Würfel schneiden. Zusammen mit den abgetropften Rosinen unter den Teig heben.
5. Das Öl in einer Pfanne erhitzen und aus dem Teig kleine Struwen ausbacken (Abb. 3).
6. Die Struwen auf Tellern anrichten, mit Zucker bestreuen, mit Apfelscheiben, roten Johannisbeeren und Minzezweigen garnieren und servieren.

Pro Portion
ca. 2634 kJ/627 kcal
Vorbereitungszeit: 40 Minuten
Zubereitungszeit: 20 Minuten

Abb. 1

Abb. 2

Abb. 3

Abb. 1

Abb. 2

Abb. 3

Schmalzkuchen mit Kümmel

4 Eier
70 g geriebenes Weißbrot
70 g geriebener Zwieback
100 g Weizenmehl
1/2 l Vollmilch
1 El Kümmelkörner
etwas Salz
1 Msp. gemahlene Pimentkörner
2 El Schweineschmalz zum Braten
Minzezweige und Borretschblüten zum Garnieren

1. Die Eier trennen. Das Eiweiß steif schlagen und das Eigelb schaumig rühren (Abb. 1).
2. Das geriebene Weißbrot mit den Zwiebackbröseln, dem Mehl und der Milch zu dem Eigelb geben und alles gut verrühren.
3. Die Gewürze dazugeben und das Eiweiß vorsichtig unterheben (Abb. 2).
4. Das Schweineschmalz in einer Pfanne erhitzen und den Teig portionsweise darin von beiden Seiten goldgelb ausbacken (Abb. 3).
5. Die Schmalzkuchen auf Tellern anrichten, mit den Minzezweigen und Borretschblüten garnieren und servieren.

Pro Portion
ca. 2360 kJ/562 kcal
Vorbereitungszeit: 15 Minuten
Zubereitungszeit: 20 Minuten

Flambierte Himbeercrêpes

3 Eier
50 ml Milch
1 Päckchen Vanillinzucker
1 El Grand Marnier
1 El Kartoffelstärke
20 g Butter
500 g frische Himbeeren
2 El Puderzucker
2 El Himbeergeist
Zitronenmelisse zum Garnieren

1. Die Eier mit der Milch, dem Vanillinzucker, dem Grand Marnier und der Kartoffelstärke verrühren.
2. Die Butter leicht bräunen, etwas abkühlen lassen und unter Rühren in den Teig geben.
3. Die Himbeeren verlesen, waschen und 1/3 der Beeren beiseitelegen. Die restlichen Beeren mit dem Puderzucker pürieren.
4. Aus dem Crêpeteig portionsweise hauchdünne Crêpes backen. Die Crêpes mit dem Himbeergeist flambieren und mit der Sauce ablöschen. Aus der Pfanne nehmen, zusammenlegen und mit den restlichen Himbeeren anrichten. Mit Zitronenmelisse garnieren und sofort servieren.

Pro Portion
ca. 895 kJ/213 kcal
Vorbereitungszeit: 20 Minuten
Zubereitungszeit: 20 Minuten

Crêpes mit grünem Spargel

70 g Butter
100 g feines Weizenmehl
1 El Kartoffelstärke
Salz
4 Eier
1/8 l süße Sahne
500 g grüner Spargel
1 Prise Zucker
2 El Öl zum Braten
4 El Crème fraîche
2 El gehackte Mandeln

1. 60 g Butter schmelzen lassen und mit dem Mehl, der Stärke, Salz, den Eiern und der Sahne zu einem einheitlichen Teig verrühren. Den Crêpeteig für ca. 30 Minuten in den Kühlschrank stellen.
2. In der Zwischenzeit den Spargel putzen, waschen und in wenig Salzwasser mit 10 g Butter und dem Zukker 15 Minuten gar kochen.
3. Das Öl in einer Pfanne erhitzen und jeweils einen Eßlöffel Teig hineingeben. Die Crêpes von jeder Seite ca. 3 Minuten backen. Herausnehmen.
4. Ca. 2-3 Stangen Spargel in einen Crêpe einrollen. Eine feuerfeste Form einfetten, die Crêperöllchen hineinlegen und mit Crème fraîche bestreichen. Die Mandeln darüber streuen und das Ganze im Backofen bei 200 °C ca. 25 Minuten überbacken. Die Crêpes anrichten und servieren.

Pro Portion
ca. 2064 kJ/491 kcal
Vorbereitungszeit: 30 Minuten
Zubereitungszeit: 50 Minuten

TIP

Bleibt von den Crêpes (ohne Belag) etwas übrig, können Sie sie einige Tage im Kühlschrank aufbewahren oder sogar einfrieren. Auch das Aufwärmen ist ganz einfach: in Alufolie einschlagen und 8-10 Minuten im Backofen bei 120-150 °C aufbacken.

Sauerländer Geiseke

250 g Mehl
3 Eier
1/4 l Milch
Salz
1 mittelgroße Kartoffel (150 g)
2 El Öl zum Backen
1/2 Becher Rübenkraut (125 g)
Glatte Petersilie zum Garnieren

1. Das Mehl mit den Eiern, der Milch und dem Salz verrühren.
2. Die Kartoffel schälen und fein reiben. Die Kartoffelmasse zu dem Pfannkuchenteig geben.
3. Das Öl in einer Pfanne erhitzen und aus dem Teig darin kleine Pfannkuchen ausbacken.
4. Aus der Pfanne nehmen und mit Rübenkraut anrichten. Die Sauerländer Geiseke mit glatter Petersilie garnieren und servieren.

Pro Portion
ca. 1813 kJ/431 kcal
Vorbereitungszeit: 10 Minuten
Zubereitungszeit: 20 Minuten

Betty Brown's Hummerpfannkuchen

1 Dose Hummerfleisch
(250 g Einwaage)
1 El Butter
Saft 1 Zitrone
2 El gehackter Dill
4 Eier
150 g Mehl
2 El Milch
125 g saure Sahne
Salz
2 El Butterschmalz zum Braten
Dillzweige, Zitronenscheiben und Tomatenröschen zum Garnieren

1. Das Hummerfleisch auf ein Sieb geben und abtropfen lassen.
2. Das Fleisch mit den Fingern etwas zerpflücken und zusammen mit der Butter, dem Zitronensaft und dem gehackten Dill in eine Pfanne geben und erhitzen. Warm stellen.
3. Die Eier trennen und das Eiweiß steif schlagen. Das Eigelb mit dem Mehl, der Milch, der sauren Sahne und etwas Salz verquirlen.
4. Das steifgeschlagene Eiweiß vorsichtig darunterheben. Das Schmalz in einer Pfanne erhitzen und den Teig darin portionsweise goldgelb ausbacken.
5. Die Pfannkuchen herausnehmen, mit der Füllung bestreichen und zusammenrollen. Danach in schräge Streifen schneiden, anrichten, mit Dill, Zitronenscheiben und Tomatenröschen garnieren und servieren.

Pro Portion
ca. 1393 kJ/331 kcal
Vorbereitungszeit: 15 Minuten
Zubereitungszeit: 30 Minuten

Pfannkuchen-Torte mit Johannisbeeren

300 g rote und schwarze Johannisbeeren
1/8 l Johannisbeersaft
2 Tl Kartoffelstärke
4 Eier
4 El feines Mehl
1/8 l Milch
Muskat
geriebene Schale 1 Zitrone
Salz
2 El Butter zum Braten
Johannisbeeren und Zitronenmelisse zum Garnieren

1. Die Johannisbeeren putzen, waschen und mit Hilfe einer Gabel die Beeren von den Stielen abzupfen (Abb. 1).
2. Den Johannisbeersaft in einen Topf geben und zum Kochen bringen. Mit der angerührten Kartoffelstärke andicken und die Johannisbeeren hineingeben. Kurz erwärmen und warm halten.
3. Die Eier trennen. Das Eiweiß steif und das Eigelb schaumig schlagen. Das Mehl mit der Milch, Muskat, der Zitronenschale und dem Salz zu dem Eigelb geben. Das Ganze noch einmal kräftig durchschlagen.
4. Die Butter in einer Pfanne bei geringer Hitze leicht erwärmen. Das Eiweiß unter den Teig heben (Abb. 2) und eine Hälfte vom Teig in die Pfanne geben.
5. Die Pfanne verschließen und die Schaummasse darin ca. 10 Minuten backen lassen. Die Masse muß unten goldgelb und oben trocken sein (Abb. 3).
6. Das Omelett auf eine Platte gleiten lassen und die Johannisbeeren darauf verteilen (Abb. 4). Warm stellen.
7. Aus dem Rest des Teiges ein zweites Omelett backen und dieses oben auf die Johannisbeeren legen (Abb. 5). Das Ganze anrichten, mit Johannisbeeren und Zitronenmelisse garnieren und servieren.

Pro Portion
ca. 792 kJ/188 kcal
Vorbereitungszeit: 20 Minuten
Zubereitungszeit: 30 Minuten

Abb. 1

Abb. 2

Abb. 3

Abb. 4

Abb. 5

Frischkäse-Pfannkuchen

150 g Mehl
3 Eier
1/4 l Milch
1/8 l Mineralwasser
Salz
2 El Öl zum Braten
200 g Blattspinat
100 g gemahlene Mandeln
50 g gehackte Mandeln
1 El Frischkäse
Pfeffer
Muskat
Glatte Petersilie zum Garnieren

1. Das Mehl mit den Eiern, der Milch, dem Mineralwasser und Salz zu einem Pfannkuchenteig verrühren.
2. Das Öl in einer Pfanne erhitzen und aus dem Teig nacheinander vier Pfannkuchen ausbacken. Warm stellen.
3. Den Spinat waschen und tropfnaß in einen Topf geben. Zusammenfallen lassen und mit den gemahlenen und gehackten Mandeln mischen. Den Frischkäse dazugeben und das Ganze mit Pfeffer und Muskat abschmecken.
4. Die Füllung auf die Pfannkuchen streichen und diese zusammenrollen. Anrichten, mit Petersilie garnieren und servieren.

Pro Portion
ca. 2245 kJ/534 kcal
Vorbereitungszeit: 15 Minuten
Zubereitungszeit: 20 Minuten

Frühlings-Pfannkuchen

Den Pfannkuchenteig wie im Hauptrezept beschrieben zubereiten. Die fertigen Pfannkuchen mit einer Mischung aus 200 g gehacktem Sauerampfer, 200 g gehacktem Löwenzahn, 100 g feingeschnittener Kresse und einem Becher Crème double (200 g) füllen. Die Pfannkuchen zusammenrollen, schräg in Scheiben schneiden und auf einem Kressebeet anrichten.

Pro Portion
ca. 1727 kJ/411 kcal
Vorbereitungszeit: 15 Minuten
Zubereitungszeit: 20 Minuten

Süße Pfannkuchen

Die Pfannkuchen wie beschrieben zubereiten. 1 kleine Dose Ananasstücke zusammen mit 2 geschälten und in Scheiben geschnittenen Kiwifrüchten und 2 El Zucker mischen. Die Füllung in die Pfannkuchen geben und zu Vierteln zusammenschlagen.

Pro Portion
ca. 1854 kJ/441 kcal
Vorbereitungszeit: 15 Minuten
Zubereitungszeit: 20 Minuten

Feinschmecker-Pfannkuchen

Aus dem oben beschriebenen Teig Pfannkuchen ausbacken. Diese mit Sahnemeerrettich bestreichen. Jeweils einen Zweig Estragon darauflegen. Auf jede Pfannkuchenhälfte ein halbes geräuchertes Forellenfilet legen und das Ganze mit einer in Fächer geschnittenen Gewürzgurke abdecken. Die Pfannkuchen zur Hälfte zusammenklappen. Anrichten, garnieren und servieren.

Pro Portion
ca. 1555 kJ/370 kcal
Vorbereitungszeit: 15 Minuten
Zubereitungszeit: 20 Minuten

Amerikanische Buchweizen-Pfannkuchen

300 g Buchweizenmehl
125 g saure Sahne
etwas Salz
2 El Butterschmalz zum Braten
1 kleine Flasche Ahornsirup
2 El Butter
Minzezweige zum Garnieren

1. Das Buchweizenmehl in eine Schüssel sieben.
2. Drei Tassen Wasser erhitzen und zu dem Mehl geben. Die saure Sahne und etwas Salz dazugeben und das Ganze zu einem einheitlichen Teig verrühren (Abb. 1).
3. Das Butterschmalz in einer Pfanne erhitzen. Aus dem Teig kleine Pfannkuchen backen.
4. Einen Pfannkuchen auf eine Platte legen und mit Ahornsirup beträufeln (Abb. 2). Den nächsten Pfannkuchen darauf legen und mit etwas Butter belegen (Abb. 3). Dann wieder einen Pfannkuchen darüber legen und mit Ahornsirup beträufeln. So weiter schichten, bis alle Pfannkuchen verbraucht sind. Etwas durchziehen lassen, dann auf Tellern anrichten, mit Minzezweigen garnieren und servieren.

Pro Portion
ca. 1909 kJ/454 kcal
Vorbereitungszeit: 10 Minuten
Zubereitungszeit: 20 Minuten

Abb. 1

Abb. 2

Abb. 3

Speckplinsen

4 El Mehl
1/4 l Milch
4 Eier
Salz
200 g durchwachsener Bauchspeck
Glatte Petersilie zum Garnieren

1. Das Mehl mit der Milch, den Eiern und Salz zu einem Pfannkuchenteig verrühren (Abb. 1).
2. Den Speck in feine Streifen schneiden (Abb. 2).
3. Ein Viertel der Speckstreifen in eine Pfanne geben. Knusprig braun ausbacken.
4. 1/4 des Pfannkuchenteiges darauf geben (Abb. 3) und den Speckplinsen ausbacken. Mit den übrigen Speckplinsen genauso verfahren.
5. Die Speckplinsen anrichten, mit glatter Petersilie garnieren und servieren.

Pro Portion
ca. 3196 kJ/761 kcal
Vorbereitungszeit: 10 Minuten
Zubereitungszeit: 20 Minuten

Abb. 1

Abb. 2

Abb. 3

Schwedische Dillpfannkuchen

1/4 l Milch
3 Eier
Salz
125 g feines Weizenmehl
1 Bund Dill
250 g Doppelrahm-Frischkäse
2 El Crème double
1 Tl grober Kräutersenf
Saft 1/2 Zitrone
Pfeffer
2 El Butterschmalz zum Braten
4 Scheiben Räucherlachs
Dillzweige und Zitronenscheiben zum Garnieren

1. Die Milch mit den Eiern, Salz und dem Mehl verrühren. Das Ganze ca. 15 Minuten im Kühlschrank quellen lassen.
2. In der Zwischenzeit den Dill waschen, trockenschleudern und fein hacken. Anschließend in den Pfannkuchenteig geben.
3. Den Frischkäse mit der Crème double glattrühren und mit dem Senf, dem Zitronensaft und Pfeffer abschmecken.
4. Das Butterschmalz in einer Pfanne erhitzen und aus dem Pfannkuchenteig nacheinander vier Pfannkuchen backen.
5. Die fertigen Pfannkuchen mit jeweils einer Scheibe Räucherlachs belegen. Die Frischkäsefüllung darauf streichen und zusammenklappen.
6. Die Dillpfannkuchen auf Tellern anrichten, mit Dill und Zitronenscheiben garnieren und servieren.

Pro Portion
ca. 1914 kJ/455 kcal
Vorbereitungszeit: 25 Minuten
Zubereitungszeit: 30 Minuten

TIP

Die Käsecreme wird besonders herzhaft und etwas feuriger, wenn Sie einige Spritzer Tabasco (vorsichtig dosieren) unterziehen.

Überraschungs-Pfannkuchen

2 Eier
100 g Mehl
1/8 l Milch
Salz
2 El Öl zum Braten
200 g geriebener Greyerzer Käse
125 g Crème double
Muskat
Pfeffer
1 Bund Schnittlauch
2 Tomaten
8 Scheiben Bratenaufschnitt
1 Eiweiß
Mehl
1 Ei
Paniermehl
Tomatenscheiben und Schnittlauch zum Garnieren

1. Die Eier mit dem Mehl, der Milch und Salz zu einem Pfannkuchenteig verrühren (Abb. 1).
2. Das Öl in einer Pfanne erhitzen und den Teig darin portionsweise ausbacken (Abb. 2). Die fertigen Pfannkuchen auskühlen lassen.
3. Den geriebenen Käse mit der Crème double vermengen (Abb. 3), mit Salz, Muskat und Pfeffer würzen.
4. Den Schnittlauch waschen und in feine Röllchen schneiden (Abb. 4). Diese unter die Käsemasse geben.
5. Die Tomaten waschen und in Scheiben schneiden (Abb. 5).
6. Die Pfannkuchen auf einer Arbeitsfläche ausbreiten. Jeweils eine Scheibe Bratenaufschnitt darauf legen (Abb. 6). Die Tomatenscheiben darüber geben (Abb. 7). Die Käsecreme darauf streichen (Abb. 8) und das Ganze mit einer Bratenscheibe abdecken (Abb. 9).
7. Die Ränder der Pfannkuchen mit Eiweiß bestreichen und diese zu Paketen zusammenfalten (Abb. 10). Die Ränder fest andrücken.
8. Die Pfannkuchen erst in Mehl (Abb. 11), dann in Ei und zum Schluß in Paniermehl wenden (Abb. 12). In einer Friteuse ausbacken (Abb. 13).
9. Die Überraschungs-Pfannkuchen anrichten, mit Tomatenscheiben und Schnittlauch garnieren und servieren.

Pro Portion
ca. 2233 kJ/531 kcal
Vorbereitungszeit: 45 Minuten
Zubereitungszeit: 20 Minuten

Abb. 1

Abb. 2

Abb. 3

Abb. 4

Abb. 5

Abb. 6

Abb. 7

Abb. 8

TIP

Der Pfannkuchenteig wird besonders locker, wenn man ihn mit warmer, statt mit kalter Milch anrührt. Außerdem sollte er kräftig geschlagen und nur nach und nach die Milch dazugegeben werden.

Abb. 9

Abb. 10

Abb. 11

Abb. 12

Abb. 13

Knödel, Buchteln, Band- und Rohrnudeln – eine runde Sache

Die Klassiker unter den Mehlspeisen haben eine lange Tradition.
Rohrnudeln nennt sie der Feinschmecker in Süddeutschland und meint damit keine Nudeln, sondern süße Knödel, die im Backofen, oder besser gesagt im Rohr, zubereitet werden. In Böhmen heißen sie Buchteln, in Österreich Dampfnudeln und den Norddeutschen geht nichts über ihre Mehlbeutel.

Basilikumklöße in Edelpilzcreme

1/4 l Milch
4 altbackene Brötchen
150 g Grünkernschrot
1 Zwiebel
2 El Öl
2 Eier
2 El fein geschnittenes Basilikum
Muskatpulver
Salz
Pfeffer
1 Becher süße Sahne
125 g Edelpilzkäse
Basilikumzweige zum Garnieren

TIP

Die Klößchen werden besonders gleichmäßig, wenn man sie nicht mit den Händen formt, sondern mit zwei Teelöffeln aus dem Teig sticht.

1. Die Milch erhitzen. Die Brötchen in Scheiben schneiden und mit der Milch übergießen.
2. 1/4 l Wasser zum Kochen bringen und das Grünkernschrot einstreuen. Einmal aufkochen lassen und dann den Herd abschalten. Das Schrot aufquellen lassen.
3. Die Zwiebel schälen und fein würfeln. Das Öl erhitzen und die Zwiebelwürfel darin glasig dünsten.
4. Das Grünkernschrot zusammen mit den eingeweichten Brötchen in die Pfanne geben, verrühren und abkühlen lassen.
5. Nacheinander die Eier hineingeben. Das Ganze mit dem Basilikum verrühren und mit den Gewürzen abschmecken.
6. Aus dem Teig mit nassen Händen kleine Klöße formen und diese in Salzwasser 15-20 Minuten gar ziehen lassen.
7. In der Zwischenzeit die Edelpilzcreme zubereiten. Dafür die Sahne in einen Topf geben und um die Hälfte einkochen lassen.
8. Den Käse hineingeben und schmelzen lassen. Die Sauce mit Salz und Pfeffer abschmecken.
9. Die Basilikumklöße mit einer Schaumkelle aus dem Topf nehmen, gut abtropfen lassen und mit der Edelpilzcreme anrichten. Mit den Basilikumzweigen garnieren und servieren.

Pro Portion
ca. 2761 kJ/657 kcal
Vorbereitungszeit: 30 Minuten
Zubereitungszeit: 20 Minuten

Münsterländer Hochzeitskloß

4 Eier
100 g Butter
Salz
1/4 l Milch
325 g Mehl
2 Scheiben Pumpernickel
2 cl klarer Korn
175 g getrocknete Aprikosen
300 g Brombeeren
1/2 l Brombeersaft
1 Päckchen Vanillinzucker
2 El Kartoffelstärke
Zucker
Minzezweige zum Garnieren

1. Die Eier trennen (Abb. 1). Das Eigelb mit der Butter schaumig schlagen (Abb. 2). Etwas Salz und die Milch dazugeben. Das Mehl ebenfalls unter den Teig rühren.
2. Das Eiweiß steif schlagen und vorsichtig unter den Teig heben (Abb. 3).
3. Die Pumpernickel-Scheiben zerbröseln (Abb. 4) und mit dem Korn beträufeln (Abb. 5).
4. Ein Küchentuch in kaltes Wasser geben und nachher gut auswringen. Eine ausreichend große Schüssel mit dem Tuch auslegen (Abb. 6).
5. Den Teig hineingeben. Die Aprikosen mit den Pumpernickel-Bröseln darüber geben (Abb. 7). Das Tuch oben so zusammenbinden (Abb. 8), daß der Teig noch aufgehen kann.
6. In einem hohen Topf Salzwasser zum Kochen bringen. Das Tuch an einem Quirl oder einem anderen Stiel befestigen (Abb. 9) und so in den Topf hängen, daß der Kloß nicht den Topfboden berührt (Abb. 10).
7. Den Hochzeitskloß in dem Salzwasser ca. 1 1/2 Stunden sieden lassen.
8. In der Zwischenzeit die Sauce zubereiten. Hierfür die Beeren putzen und waschen. Den Brombeersaft mit dem Vanillinzucker aufkochen lassen. Die Kartoffelstärke mit etwas kaltem Wasser anrühren und die Flüssigkeit damit andicken. Die Beeren hineingeben und erhitzen. Das Ganze mit etwas Zucker abschmecken.
9. Den fertig gegarten Kloß aus dem Topf nehmen und ca. 5 Minuten ausdampfen lassen (Abb. 11).
10. Das Tuch vorsichtig abziehen (Abb. 12), den Kloß anrichten und mit der Sauce begießen (Abb. 13). Oder den Kloß in Stücke schneiden, dann mit der Sauce begießen und mit Minze garniert servieren.

Pro Portion
ca. 2591 kJ/617 kcal
Vorbereitungszeit: 25 Minuten
Zubereitungszeit: 1 1/2 Stunden

Abb. 1

Abb. 2

Abb. 3

Abb. 4

Abb. 5

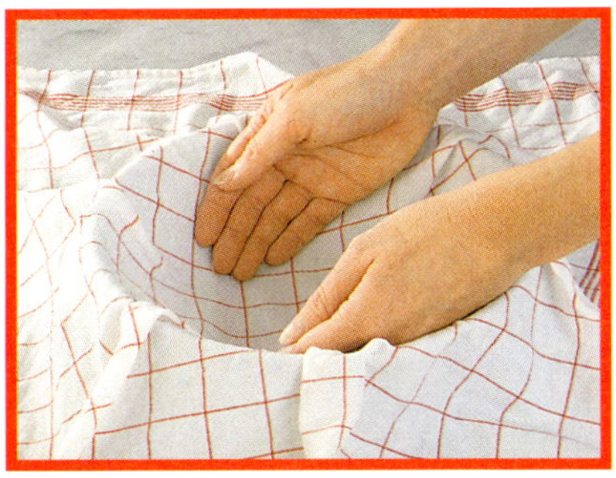
Abb. 6

Abb. 7

Abb. 8

TIP

Eine leckere Variante ist das Überbacken mit Eischnee. Den Kloß etwas zerteilen, die Sauce darüber gießen, mit Eischnee abdecken und so lange überbacken, bis sich eine zarte hellbraune Kruste bildet.

Abb. 9

Abb. 10

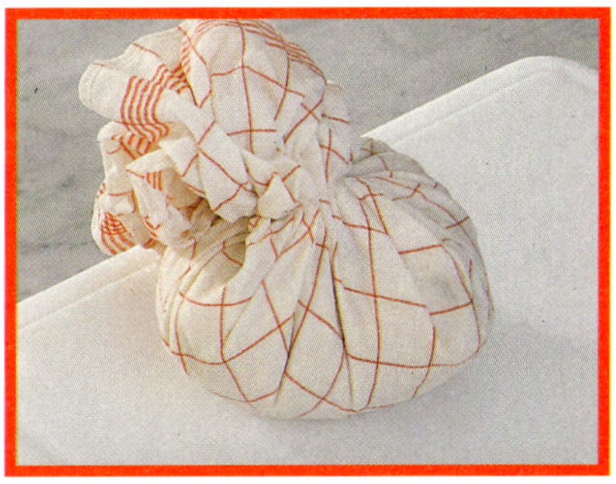
Abb. 11

Abb. 12

Abb. 13

Wiener Dampfnudeln

250 g Mehl
20 g Hefe
1/8 l lauwarme Milch
45 g Zucker
1 Prise Salz
abgeriebene Schale 1/2 Zitrone
2 Eigelb
100 g flüssige Butter
etwas Mehl zum Bestäuben
1/4 l Milch
30 g Butter
Zucker zum Bestreuen
Zitronenmelisse zum Garnieren
1 Flasche Vanillesauce (Fertigprodukt)

1. Das Mehl in eine Schüssel sieben. Die Hefe in der lauwarmen Milch auflösen (Abb. 1) und mit 15 g Zucker, dem Salz und der Zitronenschale verrühren. Das Eigelb und die lauwarme Butter ebenfalls dazugeben.
2. Das Ganze zu einem nicht zu weichen Teig verrühren. Den Teig kräftig schlagen, bis er Blasen wirft (Abb. 2). Mit Mehl bestäuben und zugedeckt an einem warmen Ort gehen lassen.
3. Aus dem Teig eine große Rolle formen. Von der Rolle 3 cm breite Streifen abschneiden und diese zu Bällchen formen (Abb. 3). Auf ein bemehltes Brett legen, mit einem Küchentuch abdecken und nochmals gehen lassen.
4. In einem breiten, flachen Topf oder einer großen Pfanne die Milch mit dem restlichen Zucker und der Butter aufkochen. Das Gefäß muß mindestens 2 fingerbreit mit Flüssigkeit gefüllt sein (Abb. 4).
5. Die aufgegangenen Nudeln hineinlegen und zugedeckt ca. 10 Minuten bei milder Hitze backen (Abb. 5).
6. Die Dampfnudeln anrichten, mit Zucker bestreuen, mit Zitronenmelisse garnieren und mit Vanillesauce servieren.

Pro Portion
ca. 2764 kJ/658 kcal
Vorbereitungszeit: 1 Stunde
Zubereitungszeit: 20 Minuten

Abb. 1

Abb. 2

Abb. 3

Abb. 4

Abb. 5

Marillenknödel

300 g Speisequark
2 Eier
Salz
abgeriebene Schale 1 Zitrone
200 g Mehl
12 Aprikosen
12 Stückchen Würfelzucker
6 El Butter
3 El Paniermehl
1 El Zucker
Zitronenmelisse zum Garnieren

1. Den Quark auf ein Küchentuch geben und gut abtropfen lassen. Mit den Eiern, Salz, der abgeriebenen Zitronenschale und dem Mehl verrühren. Den fertigen Teig für ca. 30 Minuten in den Kühlschrank stellen.
2. Die Aprikosen waschen und halbieren. Dabei jedoch nicht ganz durchschneiden. Den Kern entfernen und in jede Aprikose ein Stück Würfelzucker geben.
3. Den Knödelteig in 12 Portionen teilen und jede Aprikose mit dem Teig einhüllen und zu Klößen formen.
4. Die Knödel in reichlich kochendem Salzwasser ca. 15 Minuten gar ziehen lassen.
5. In der Zwischenzeit die Butter schmelzen lassen und das Paniermehl mit dem Zucker hineinstreuen. Alles zusammen goldgelb rösten.
6. Die Marillenknödel anrichten, mit den Paniermehlbröseln bestreuen und mit Zitronenmelisse garniert servieren.

Pro Portion
ca. 2909 kJ/692 kcal
Vorbereitungszeit: 30 Minuten
Zubereitungszeit: 20 Minuten

Mascarponeknödel

Für den Knödelteig anstatt des Quarks Mascarpone verwenden. Die Aprikosen entfallen. Dafür werden 125 g Rosinen in den Teig gegeben. Die Zubereitungsweise ist die gleiche wie im Hauptrezept beschrieben.

Pro Portion
ca. 3285 kJ/782 kcal
Vorbereitungszeit: 30 Minuten
Zubereitungszeit: 20 Minuten

Blaubeerknödel

Bei dieser Variation werden 300 g frische Blaubeeren anstelle der Aprikosen mit in den Teig gegeben. Diese Knödel kann man mit einer Vanillesauce servieren.

Pro Portion
ca. 1908 kJ/454 kcal
Vorbereitungszeit: 30 Minuten
Zubereitungszeit: 20 Minuten

Birnenknödel

Anstelle der Aprikosen wird in jeden Knödel eine kleine Birnenhälfte aus der Dose eingerollt. Die weitere Zubereitung ist die gleiche wie beschrieben.

Pro Portion
ca. 2679 kJ/638 kcal
Vorbereitungszeit: 30 Minuten
Zubereitungszeit: 20 Minuten

Mohnbuchteln

350 g Mehl
1 Päckchen Trockenhefe
2 El Zucker
150 ml Milch
50 g weiche Butter
1 Ei
1 Prise Salz
3/8 l Vollmilch
125 g gemahlener Mohn
4 El Zucker
1 Päckchen Vanillinzucker
1 Msp. Zimt
1 Ei
50 g gehackte Haselnußkerne
1 Tl Speisestärke
Fett für die Form
20 g flüssige Butter

1. Das Mehl mit der Hefe, dem Zucker, der Milch, der Butter, dem Ei und Salz verkneten. An einem warmen Ort zugedeckt ca. 30 Minuten gehen lassen.
2. Die Milch aufkochen lassen und den Mohn hineingeben. Den Herd abschalten und den Mohn ausquellen lassen. Abkühlen.
3. Danach den Zucker mit dem Vanillinzucker, dem Zimt, dem Ei, den gehackten Nüssen und der Speisestärke unter die Mohnmasse geben.
4. Den Hefeteig ausrollen (Abb. 1) und in zwölf Quadrate schneiden (Abb. 2).
5. Die Füllung darauf verteilen. Die Teigränder jeweils oben zusammendrücken und Klößchen daraus formen (Abb. 3).
6. In eine gefettete Auflaufform setzen und nochmals 30 Minuten gehen lassen. Im Backofen bei ca. 200 °C 20 Minuten backen. Zwischendurch mit der flüssigen Butter bestreichen.

Pro Portion
ca. 3530 kJ/840 kcal
Vorbereitungszeit: 50 Minuten
Zubereitungszeit: 30 Minuten

Abb. 1

Abb. 2

Abb. 3

Abb. 1

Abb. 2

Abb. 3

Topfenknödel

250 g getrocknete Pflaumen
1/4 l Weißwein
4 cl Pflaumenschnaps
1 Zimtstange
Saft 1 Zitrone
2 El Zucker
1 El Speisestärke
250 g Butter
250 g Speisequark
1 El Zucker
1 Prise Salz
1 Ei
250 g Mehl
5 El Paniermehl

1. Die Pflaumen in dem Wein und in dem Schnaps ca. eine Stunde einweichen.
2. 1/4 l Wasser, die Zimtstange, den Zitronensaft und den Zucker dazugeben. Alles zusammen zugedeckt ca. 10 Minuten kochen lassen. Die Zimtstange herausnehmen. Die Speisestärke mit etwas kaltem Wasser anrühren und in die kochende Flüssigkeit geben. Einmal aufkochen und dann abkühlen lassen.
3. 200 g der Butter in einer Schüssel schaumig schlagen. Den Quark mit dem Zucker, dem Salz und dem Ei dazugeben. Das Mehl nach und nach unter Rühren hinzufügen.
4. Aus dem Teig mit bemehlten Händen ca. 12 Knödel von 4 cm Durchmesser formen (Abb. 1).
5. Reichlich Salzwasser zum Kochen bringen und die Knödel darin 15-20 Minuten ziehen lassen (Abb. 2). Mit einer Schaumkelle herausnehmen und abtropfen lassen.
6. Die restliche Butter in einer Pfanne erhitzen und das Paniermehl darin goldgelb rösten. Die Knödel in dem Paniermehl wenden (Abb. 3) und mit dem Pflaumenkompott anrichten.

Pro Portion
ca. 3190 kJ/760 kcal
Vorbereitungszeit: 30 Minuten
Zubereitungszeit: 1 Stunde

Salzburger Nockerln

4 Eier
150 g Butter
50 g Mehl
Salz
1/4 l Milch
Vanillinzucker zum Bestreuen
Zitronenmelisse zum Garnieren

1. Die Eier trennen. Das Eigelb mit der Butter schaumig schlagen.
2. Das Mehl und Salz dazugeben und das Ganze kräftig durchrühren.
3. Das Eiweiß steif schlagen und vorsichtig unter den Teig heben.
4. Die Milch in eine breite, feuerfeste Form gießen. In der Form zum Kochen bringen.
5. Den Teig hineingeben und das Ganze im Backofen bei 200 °C ca. 20 Minuten backen.
6. Mit einem Eßlöffel große Nokkerln abstechen und anrichten. Mit dem Vanillinzucker bestreuen, mit Zitronenmelisse garnieren und servieren.

Pro Portion
ca. 1874 kJ/446 kcal
Vorbereitungszeit: 20 Minuten
Zubereitungszeit: 30 Minuten

Mehlkloß mit Speck und Zwiebeln

4 El Milch
30 g Hefe
1 Tl Zucker
800 g Mehl
3 Eier
1/2 l Milch
Salz
125 g durchwachsener Speck
2 Zwiebeln
Glatte Petersilie zum Garnieren

1. Die Milch erwärmen. Die Hefe darin auflösen und das Ganze mit dem Zucker, dem Mehl, den Eiern und der Milch verkneten.
2. Den Teig in eine mit Mehl bestreute Stoffserviette rollen, diese an den Enden zubinden und den Teig darin ca. 1 Stunde gehen lassen.
3. Danach die Serviette etwas fester zubinden und das Ganze in kochendem Salzwasser ca. 1 Stunde garen. Zwischendurch muß der Kloß einmal gewendet werden.
4. In der Zwischenzeit den Speck in feine Würfel schneiden. In einer Pfanne auslassen.
5. Die Zwiebeln schälen und ebenfalls in kleine Würfel schneiden. Zu dem Speck geben und glasig dünsten.
6. Den Kloß in Scheiben schneiden, anrichten, mit den Speckzwiebeln bestreuen, mit Petersilie garnieren und servieren.

Pro Portion
ca. 4434 kJ/1055 kcal
Vorbereitungszeit: 1 1/4 Stunde
Zubereitungszeit: 1 Stunde

TIP

Wer es besonders deftig mag, brät den in Scheiben geschnittenen Mehlkloß im Bratfett leicht an.

Orientalische Klößchen

1/4 l Milch
35 g Butter
Salz
Muskat
Curry
1 Msp. Ingwerpulver
130 g Hartweizengrieß
3 Eier
Fett zum Ausbacken
1 Glas Mangochutney (Fertigprodukt)
Oreganozweige zum Garnieren

1. Die Milch mit der Butter und den Gewürzen aufkochen lassen.
2. Den Grieß dazugeben und das Ganze einmal aufkochen. Vom Herd nehmen und ausquellen lassen.
3. Die Eier nacheinander in den Teig rühren. Aus der Masse mit nassen Händen Klöße formen.
4. Das Fett in einer Friteuse erhitzen und die Klößchen darin ausbacken.
5. Die Orientalischen Klößchen mit Mangochutney anrichten, mit Oreganozweigen garnieren und servieren.

Pro Portion
ca. 1458 kJ/347 kcal
Vorbereitungszeit: 35 Minuten
Zubereitungszeit: 20 Minuten

Vollkorn-Rohrnudeln mit Sanddornmarmelade

500 g Vollkorn-Weizenmehl
1/2 l Milch
1 El Honig
Salz
1 Würfel Hefe (42 g)
1 Ei
200 g Butter
1 Glas Sanddornmarmelade (250 g)

1. Das Mehl mit 200 ml der Milch, dem Honig und Salz vermischen.
2. Die Hefe zerbröckeln und zusammen mit dem Ei und 80 g der Butter dazugeben und das Ganze zu einem einheitlichen Teig kneten.
3. Zugedeckt an einem warmen Ort ca. 30 Minuten gehen lassen.
4. Den Teig danach noch einmal durchkneten und auf einer Arbeitsfläche ausrollen. Zwölf Quadrate ausschneiden und in jedes Quadrat einen Eßlöffel Sanddornmarmelade setzen.
5. Das Ganze zu Klößen formen. Die restliche Butter in einer Auflaufform schmelzen lassen und die Klöße hineinsetzen. Noch einmal für ca. 15 Minuten gehen lassen.
6. Die restliche Milch kurz erhitzen und darüber gießen. Die Rohrnudeln im Backofen bei 200 °C ca. 30 Minuten backen.
7. Die restliche Marmelade über die fertigen Rohrnudeln geben und diese servieren.

Pro Portion
ca. 4507 kJ/1073 kcal
Vorbereitungszeit: 1 Stunde
Zubereitungszeit: 30 Minuten

Hildesheimer Beutel

375 g Rundkornreis
375 g Graupen
500 g gemischtes Backobst
Salz
3 El Butter
1 El Zucker
Zitronenmelisse und Minzezweige zum Garnieren

1. Den Reis und die Graupen unter fließendem Wasser so lange abspülen, bis das Wasser klar bleibt.
2. Das Backobst in einem Topf mit ausreichend Wasser einmal aufkochen lassen. Auf ein Sieb geben und abtropfen lassen.
3. Ein großes Küchentuch in heißes Wasser tauchen und gut auswringen. Das Tuch in eine geeignete Schüssel legen (Abb. 1) und nun schichtweise den Reis mit den Graupen und Backobst einlegen (Abb. 2).
4. Das Tuch oben so zubinden, daß genug Platz zum Ausquellen da ist (Abb. 3).
5. Auf den Boden eines Topfes wird ein Teller verkehrt herum gestellt (Abb. 4). In dem Topf ausreichend Salzwasser zum Kochen bringen.
6. Den Beutel hineingeben und ca. 2 Stunden kochen lassen.
7. Die Butter in einer Pfanne bräunen (Abb. 5) und den Zucker hineingeben. Karamelisieren lassen und bereitstellen.
8. Den Hildesheimer Beutel vorsichtig aus dem Tuch nehmen und anrichten. Mit der Butter begießen und mit Zitronenmelisse und Minzezweigen garniert servieren.

Pro Portion
ca. 4617 kJ/1099 kcal
Vorbereitungszeit: 30 Minuten
Zubereitungszeit: 2 Stunden

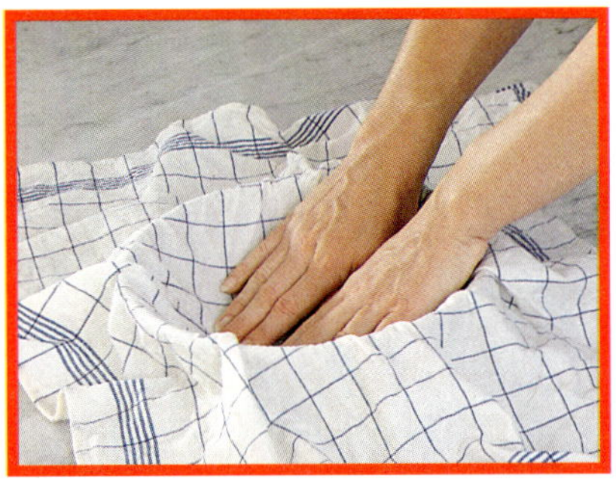
Abb. 1

Abb. 2

Abb. 3

Abb. 4

Abb. 5

Ausgebackenes – mal süß, mal pikant

In Schmalz Gebackenes wie Ballen, Beignets oder Krapfen gehören zu einem richtigen Karnevalsfest wie Masken und Konfetti.
Pikant Ausgebackenes eignet sich als Snack zwischendurch ebenso wie als kleines Abendessen.

Arme Ritter

8 Zwiebäcke
1 Glas Aprikosenmarmelade (125 g)
1 l Milch
1 Msp. Zimt
Salz
abgeriebene Schale 1 Zitrone
5 Eier
2 El Butterschmalz zum Braten
Zucker zum Bestreuen
Zitronenmelisse zum Garnieren

1. Die Zwiebäcke mit der Aprikosenmarmelade bestreichen und jeweils zwei zusammensetzen.
2. Die Milch mit den Gewürzen und der Zitronenschale mischen und über die Zwiebäcke gießen.
3. Wenn die Zwiebäcke weich sind, aus der Milch nehmen und in eine flache Schale legen.
4. Die Eier verquirlen und über die Zwiebäcke gießen.
5. Das Butterschmalz in einer Pfanne erhitzen und die armen Ritter darin ausbacken.
6. Auf Tellern anrichten, mit Zucker bestreuen und mit Zitronenmelisse garnieren.

Pro Portion
ca. 2066 kJ/492 kcal
Vorbereitungszeit: 20 Minuten
Zubereitungszeit: 20 Minuten

TIP

Besonders fein werden die armen Ritter, wenn man sie anstelle der Aprikosenmarmelade mit einer Mandelmasse aus feingeriebenen Mandeln, Zucker, Eiern und Schmant bestreicht.

Zitronenkrapfen

300 g Mehl
1/2 Würfel frische Hefe
1 El Zucker
Salz
6 El Milch
70 g Butter
1 Ei
3 Eigelb
2 El saure Sahne
1/2 Glas Zitronenmarmelade (125 g)
1 Eiweiß
500 g Butterschmalz zum Ausbacken
Puderzucker zum Bestäuben
Zitronenmelisse und Minzezweige zum Garnieren

1. Das Mehl in eine Schüssel sieben und in die Mitte eine Vertiefung drücken (Abb. 1).
2. Die Hefe zerbröckeln und in die Mitte geben. Den Zucker auf die Hefe streuen und das Salz am Rand verteilen (Abb. 2).
3. Die Milch mit der Butter erwärmen (Abb. 3) und zu der Hefe geben. Beides zu einem Vorteig verrühren (Abb. 4).
4. Den Teig mit einem Küchentuch abdecken und an einem warmen Ort ca. 15 Minuten gehen lassen.
5. Das Ei mit dem Eigelb und der sauren Sahne zu dem Teig geben und diesen kräftig schlagen (Abb. 5).
6. Den Teig zugedeckt noch einmal ca. 30 Minuten gehen lassen.
7. Danach den Teig kurz durchkneten und auf einer bemehlten Arbeitsfläche 2 cm dick ausrollen (Abb. 6).
8. Aus dem Teig Kreise von 10 cm Durchmesser ausstechen (Abb. 7).
9. Die Zitronenmarmelade glattrühren und jeweils einen Teelöffel auf die Hälfte der ausgestochenen Kreise geben (Abb. 8).
10. Die Ränder mit Eiweiß bestreichen (Abb. 9) und die ungefüllten Teigkreise darüber legen (Abb. 10).
11. Das Butterschmalz in einem Topf erhitzen und die Krapfen hineingeben (Abb. 11). Den Topf verschließen und die Krapfen ca. 5 Minuten backen.
12. Die Krapfen mit zwei Löffeln wenden (Abb. 12), so daß die andere Seite ebenfalls gut braun wird. Hierbei den Topf nicht mehr verschließen.
13. Nach dem Backen die Zitronenkrapfen auf Küchenpapier abtropfen lassen (Abb. 13), mit Puderzucker bestäuben und mit Zitronenmelisse und Minzezweigen garniert servieren.

Pro Portion
ca. 2492 kJ/593 kcal
Vorbereitungszeit: 1 Stunde
Zubereitungszeit: 35 Minuten

Abb. 1

Abb. 2

Abb. 3

Abb. 4

Abb. 5

Abb. 6

Abb. 7

Abb. 8

TIP

Versuchen Sie einmal die bitteren englischen Marmeladen – Zitrone, Orange oder Grapefruit. Sie geben dem Gebäck eine ganz besondere Note.

Abb. 9

Abb. 10

Abb. 11

Abb. 12

Abb. 13

Kürbisstückchen

500 g Mehl
1 Würfel frische Hefe
100 g Zucker
1 Päckchen Zitronenzucker
1 Tl gemahlene Anissamen
125 ml Milch
2 Eier
1 Glas eingelegter Kürbis (275 g)
Puderzucker zum Bestäuben

1. Das Mehl in eine Schüssel sieben und in die Mitte eine Vertiefung drücken.
2. Die Hefe hineinbröckeln. Den Zucker mit dem Zitronenzucker und dem Anispulver am Rand verteilen.
3. Die Milch leicht erwärmen und zu der Hefe gießen (Abb. 1). Diese damit auflösen. Den Vorteig abdecken und ca. 15 Minuten gehen lassen.
4. Die Eier dazugeben und das Ganze zu einem einheitlichen Teig kneten. Zugedeckt nochmals 30 Minuten gehen lassen.
5. In der Zwischenzeit die eingelegten Kürbisecken auf ein Sieb geben und abtropfen lassen (Abb. 2). Danach in kleine Würfel schneiden (Abb. 3).
6. Die Kürbiswürfel unter den Teig heben und von diesem mit einem Löffel kleine Portionen abstechen (Abb. 4). Die Kürbisstückchen in einer Friteuse ausbacken (Abb. 5), herausnehmen und mit Puderzucker bestäubt servieren.

Pro Portion
ca. 2634 kJ/627 kcal
Vorbereitungszeit: 45 Minuten
Zubereitungszeit: 20 Minuten

Abb. 1

Abb. 2

Abb. 3

Abb. 4

Abb. 5

Kirschbeignets

120 g Mehl
1/8 l Wein oder Bier
1 El flüssige Butter
1 El Zucker
Salz
1 Eiweiß
500 g Kirschen mit Stiel
Puderzucker zum Bestäuben
Zitronenmelisse zum Garnieren

1. Das Mehl mit dem Wein oder dem Bier, der flüssigen Butter, dem Zucker und Salz verrühren.
2. Das Eiweiß steif schlagen und bereitstellen.
3. Die Kirschen putzen und waschen.
4. Das Eiweiß vorsichtig unter den Teig heben.
5. Die Kirschen bei den Stielen fassen und in den Teig eintauchen.
6. In einer Friteuse ausbacken, herausnehmen und anrichten. Mit Puderzucker bestäuben, mit Zitronenmelisse garnieren und sofort servieren.

Pro Portion
ca. 1071 kJ/255 kcal
Vorbereitungszeit: 20 Minuten
Zubereitungszeit: 15 Minuten

Apfelbeignets

1 Dose Cocktailäpfel (375 g Einwaage) für ca. 30 Minuten in 2 cl Calvados einlegen. Dann ebenfalls in den Teig tauchen, ausbacken, herausnehmen, mit Minzezweigen garnieren und servieren.

Pro Portion
ca. 935 kJ/220 kcal
Vorbereitungszeit: 30 Minuten
Zubereitungszeit: 20 Minuten

Gemüsebeignets

500 g Gemüse nach Wahl (Kohlrabi, Spargel, Möhren, Rosenkohl, Sellerie, Fenchel, Blumenkohl, Zucchini, Paprika oder Artischocken) blanchieren und in mundgerechte Stücke teilen. Das Gemüse durch den Backteig ziehen und in einer Friteuse ausbacken. Anrichten, mit Dillzweigen garnieren und servieren.

Pro Portion
ca. 893 kJ/212 kcal
Vorbereitungszeit: 20 Minuten
Zubereitungszeit: 20 Minuten

Champignonbeignets

500 g mittelgroße Champignons waschen und durch den Teig ziehen. In einer Friteuse ausbacken, anrichten, mit Petersilie garnieren und servieren.

Pro Portion
ca. 834 kJ/198 kcal
Vorbereitungszeit: 15 Minuten
Zubereitungszeit: 20 Minuten

Schottische Teebällchen

300 g Mehl
150 g Butter
1 Ei
1 El Crème fraîche
1 El Zucker
Salz
1 kleines Glas bittere Orangenmarmelade
1 cl schottischer Whiskey
Fett zum Ausbacken
Puderzucker zum Bestäuben
Orangenscheiben und Zitronenmelisse zum Garnieren

1. Das Mehl mit der Butter, dem Ei, der Crème fraîche, dem Zucker und einer Prise Salz zu einem einheitlichen Teig verkneten.
2. Diesen auf einer bemehlten Arbeitsfläche 1 cm dick ausrollen (Abb. 1). Mit einer Kaffeetasse Kreise ausstechen (Abb. 2).
3. Die Marmelade mit dem Whiskey glattrühren und jeweils einen Teelöffel in die Mitte der ausgestochenen Kreise geben. Die Teigkreise nach oben hin zusammendrücken und zu Bällchen formen (Abb. 3).
4. Die Teebällchen in ausreichend Fett von allen Seiten knusprig braun ausbacken. Mit Puderzucker bestäuben.
5. Die Teebällchen anrichten, mit Orangenscheiben und Zitronenmelisse garnieren und servieren.

Pro Portion
ca. 2877 kJ/685 kcal
Vorbereitungszeit: 35 Minuten
Zubereitungszeit: 20 Minuten

Abb. 1

Abb. 2

Abb. 3

Abb. 1

Abb. 2

Abb. 3

Pikante Käseteilchen

500 g Mehl
1/2 Würfel frische Hefe
Salz
1 Prise Zucker
1 Ei
100 g geriebener Käse
1 El Öl
Fett zum Ausbacken
Glatte Petersilie und Tomaten zum Garnieren

1. Das Mehl in eine Schüssel sieben. In die Mitte eine Vertiefung drücken.
2. Die Hefe in die Mulde bröckeln (Abb. 1). Das Salz am Rand verteilen. Den Zucker zu der Hefe geben.
3. Alles zusammen mit dem Ei, mit 1/4 l lauwarmem Wasser und dem geriebenen Käse zu einem glatten Teig verkneten.
4. Den Teig zugedeckt an einem warmen Ort ca. 30 Minuten gehen lassen.
5. Den Teig in einen Spritzbeutel mit einer großen Öffnung füllen und auf eingeölte Aluminiumfolienstreifen Kringel aufspritzen (Abb. 2). Zugedeckt nochmals ca. 15 Minuten gehen lassen.
6. Das Fett in der Friteuse erhitzen und die Alufolienstreifen mit den Kringeln nach unten in die Friteuse halten (Abb. 3). Warten, bis sich die Teilchen von der Folie gelöst haben und dann die Folie herausziehen. So verbrennt man sich nicht die Finger.
7. Wenn die Käseteilchen von einer Seite braun sind, mit Hilfe von zwei Löffeln diese umdrehen und von der anderen Seite ebenfalls gut bräunen.
8. Herausnehmen und auf Küchenpapier gut abtropfen lassen. Anrichten, mit glatter Petersilie und Tomaten garnieren und servieren.

Pro Portion
ca. 2339 kJ/557 kcal
Vorbereitungszeit: 1 Stunde
Zubereitungszeit: 20 Minuten

Griechische Krapfen

250 g Mehl
Salz
1 Prise Zucker
1/2 Päckchen Trockenhefe
200 ml lauwarme Milch
Fett zum Ausbacken
4 El Honig
Saft 1/2 Zitrone
Minzezweige zum Garnieren

1. Das Mehl mit dem Salz, dem Zucker und der Trockenhefe mischen.
2. Die Milch dazugeben und alles zu einem glatten Teig verkneten. Zugedeckt an einem warmen Ort ca. 30 Minuten gehen lassen.
3. Das Fett in einer Friteuse erhitzen. Von dem Teig mit zwei Teelöffeln kleine Krapfen abstechen und in das Fett geben. Goldgelb ausbacken und herausnehmen.
4. In der Zwischenzeit den Honig mit dem Zitronensaft erwärmen.
5. Die Krapfen anrichten, mit der warmen Sauce begießen, mit Minzezweigen garnieren und servieren.

Pro Portion
ca. 1248 kJ/297 kcal
Vorbereitungszeit: 40 Minuten
Zubereitungszeit: 15 Minuten

TIP

Es sind eine Vielzahl von Honigsorten im Handel: Versuchen Sie einmal den besonders aromatischen australischen Eukalyptus-Honig. Er paßt sehr gut zu den Griechischen Krapfen.

Sesambällchen

350 g Mehl
1/2 Würfel frische Hefe
3 El Milch
50 g Butter
Salz
1 Tl Sojasauce
100 g Sesamkörner
Fett zum Ausbacken
Glatte Petersilie zum Garnieren

1. Das Mehl in eine Schüssel sieben und in die Mitte eine Vertiefung drücken. Dort hinein die Hefe bröckeln.
2. Die Milch mit der Butter leicht erwärmen und damit die Hefe auflösen bzw. einen Vorteig rühren.
3. Den Teig abdecken und ca. 15 Minuten gehen lassen. Danach das Salz und die Sojasauce dazugeben und den Teig kräftig durchkneten. Nochmals ca. 30 Minuten gehen lassen.
4. Den Teig nach dem Aufgehen noch einmal durchkneten und zu kleinen Bällchen formen. Die Bällchen in kaltes Wasser tauchen und in den Sesamkörnern wälzen.
5. Die Friteuse erhitzen und die Bällchen in dem Fett darin ausbacken. Herausnehmen, anrichten, mit glatter Petersilie garnieren und servieren.

Pro Portion
ca. 2318 kJ/552 kcal
Vorbereitungszeit: 45 Minuten
Zubereitungszeit: 15 Minuten

Schmalzhütchen

100 g Mehl
50 g Butter
1 Ei
1 El Crème fraîche
2 El gehackte, gemischte Kräuter
Etwas Mehl für die Arbeitsfläche
Schmalz zum Braten
Glatte Petersilie zum Garnieren

1. Das Mehl mit der Butter, dem Ei, der Crème fraîche und den Kräutern verkneten.
2. Den Teig in Frischhaltefolie rollen und für ca. 30 Minuten in den Kühlschrank legen.
3. Danach den Teig 1 cm dick auf einer bemehlten Arbeitsfläche ausrollen. Kreise von ca. 10 cm Durchmesser ausstechen. Jeden Kreis einmal bis zur Mitte einschneiden und Hütchen daraus formen.
4. Das Schmalz in einer Pfanne erhitzen. Es muß soviel Schmalz in der Pfanne sein, daß die Hütchen darin schwimmen können.
5. Die Schmalzhütchen ausbacken, aus der Pfanne nehmen, anrichten und mit glatter Petersilie garniert servieren.

Pro Portion
ca. 905 kJ/215 kcal
Vorbereitungszeit: 40 Minuten
Zubereitungszeit: 15 Minuten

Berliner Ballen

500 g Mehl
1 Päckchen Trockenhefe
Salz
1 El Zucker
1/8 l Milch
75 g Butter
2 Eier
125 g Orangenmarmelade
Fett zum Ausbacken
Zimt-Zucker zum Bestreuen
Orangenscheiben und Minzezweige zum Garnieren

1. Das Mehl in eine Schüssel sieben. Mit der Trockenhefe, Salz und dem Zucker mischen.
2. Die Milch in einem Topf erhitzen und die Butter darin schmelzen lassen. Zusammen mit den Eiern zu dem Mehl geben und das Ganze zu einem einheitlichen Teig kneten.
3. Zugedeckt an einem warmen Ort ca. 30 Minuten gehen lassen.
4. Den Teig noch einmal durchkneten und auf einer bemehlten Arbeitsfläche ca. 2 cm dick ausrollen. Kreise von 8 cm Durchmesser ausstechen.
5. Die Orangenmarmelade glattrühren und auf den Teigkreisen verteilen. Den Teig über der Marmelade zusammendrücken und zu Ballen formen.
6. Diese nochmals abgedeckt an einem warmen Ort ca. 15 Minuten gehen lassen.
7. Die Berliner Ballen in einer Friteuse mit heißem Fett ausbacken. Herausnehmen, auf Küchenpapier abtropfen lassen und mit Zimt-Zucker bestreuen. Anrichten, mit Orangenscheiben und Minzezweigen garnieren und servieren.

Pro Portion
ca. 3124 kJ/744 kcal
Vorbereitungszeit: 80 Minuten
Zubereitungszeit: 20 Minuten

Strudel, Rollen und Taschen – hauchdünner Teig mit saftiger Füllung

Gut gerollt ist halb gelungen. In den hauchdünn ausgerollten Teigen stecken viele Überraschungen. Ob süß oder herzhaft, jeder von ihnen ist einzigartig und sehr lecker. Auch Anfänger sollten sich nicht von den folgenden Rezepten bange machen lassen, es ist noch kein Meister vom Himmel gefallen.

Frühlingsrollen

300 g Mehl
3 Eier
1 El Öl
Salz
10 g getrocknete chinesische Pilze
50 g ungesalzene Erdnußkerne
2 Frühlingszwiebeln
1 rote Chilischote
2 Hähnchenbrustfilets
2 El Sesamöl zum Braten
1 El Sojasauce
1 Tl rosa Pfefferkörner
1 Msp. gemahlene Korianderkörner
Zucker
Etwas Mehl für die Arbeitsfläche
1 Eiweiß
Fett zum Ausbacken
Glatte Petersilie und Chilischoten zum Garnieren

1. Das Mehl mit den Eiern, dem Öl und Salz zu einem glatten Teig verkneten. Den Teig in Frischhaltefolie wickeln und im Kühlschrank bis zur weiteren Verarbeitung aufbewahren.
2. Die Pilze in ausreichend kaltem Wasser einweichen.
3. Die Erdnüsse grob hacken. Die Frühlingszwiebeln putzen, waschen und in 2 cm breite Stücke schneiden. Die Chilischote waschen, halbieren, die Kerne entfernen und fein hacken.
4. Die Hähnchenbrustfilets in fingerdicke Streifen schneiden. Das Sesamöl in einer Pfanne erhitzen und die Hähnchenstreifen darin anbraten.
5. Die Pilze ausdrücken und zusammen mit den Frühlingszwiebeln, den Erdnüssen und der Chilischote zu dem Fleisch geben. Mit anbraten.
6. Das Ganze mit der Sojasauce ablöschen und kurz dünsten. Alles mit Salz, Pfeffer, Koriander und Zucker abschmecken.
7. Den Teig auf einer bemehlten Arbeitsfläche dünn ausrollen. Rechtecke von 10 x 12 cm ausschneiden und die Füllung darauf verteilen.
8. Die Teigränder mit dem Eiweiß bestreichen, die Seiten nach innen schlagen und das Ganze zu Paketen zusammenfalten.
9. Die Rollen in einer Friteuse mit heißem Fett nacheinander ca. 3 Minuten ausbacken. Herausnehmen, anrichten, mit glatter Petersilie und Chilischoten garnieren und servieren.

Pro Portion
ca. 2062 kJ/491 kcal
Vorbereitungszeit: 45 Minuten
Zubereitungszeit: 20 Minuten

TIP

Frühlingsrollen lassen sich sehr abwechslungsreich füllen: mit Bratenresten, gekochtem Schinken oder Shrimps. Wichtig ist dabei, daß die Zutaten immer herzhaft mit Frühlingszwiebeln, Pfeffer, Koriander, Sojasauce und einer Prise Zucker gewürzt werden.

Schlesischer Krautstrudel

1 kg Weißkohl
Salz
300 g Mehl
5 El Öl
1 El Essig
2 El Butterschmalz zum Dünsten
250 g gemischtes Hackfleisch
Zucker
Kümmel
Pfeffer
2 El Schmant
Fett für das Backblech
1 El Butter zum Bestreichen
Glatte Petersilie und Tomatenachtel
zum Garnieren

1. Den Weinkohl putzen, waschen und grob reiben (Abb. 1). Schichtweise mit Salz in eine Schüssel füllen (Abb. 2). Ca. 1 Stunde so stehen lassen.
2. Das Mehl in eine Schüssel sieben (Abb. 3) und in die Mitte eine Vertiefung drücken (Abb. 4). Das Öl mit 8 Eßlöffeln kaltem Wasser und dem Essig dort hineingeben. Alles vom Rand her zu einem einheitlichen Teig verkneten (Abb. 5). In Frischhaltefolie wickeln und für ca. 30 Minuten im Kühlschrank ruhen lassen.
3. Das Butterschmalz erhitzen und das Hackfleisch darin bröselig anbraten (Abb. 6). Den Weißkohl auf ein Küchentuch geben und ausdrükken (Abb. 7). Zu dem Hackfleisch geben und mitbraten (Abb. 8). Die Masse mit Salz, Zucker, Kümmel und Pfeffer abschmecken und mit dem Schmant verfeinern.
4. Den Teig auf einem Küchentuch dünn ausrollen (Abb. 9). Über dem Handrücken soweit ausziehen, daß man darunter „eine Zeitung lesen könnte“ (Abb. 10).
5. Die Füllung auf dem Strudel verteilen, dabei das letzte Drittel des Teiges nicht belegen (Abb. 11).
6. Den Strudel aufrollen (Abb. 12) und auf ein gefettetes Backblech legen.
7. Im vorgeheizten Backofen bei ca. 180 °C ca. 35 Minuten backen. Dabei zwischendurch immer wieder mit Butter bestreichen (Abb. 13). Den Strudel anrichten, mit glatter Petersilie und Tomatenachteln garnieren und servieren.

Pro Portion
ca. 2462 kJ/586 kcal
Vorbereitungszeit: 90 Minuten
Zubereitungszeit: 35 Minuten

Abb. 1

Abb. 2

Abb. 3

Abb. 4

Abb. 5

Abb. 6

Abb. 7

Abb. 8

TIP

Gerichte mit Kohl sollten Sie immer mit Kümmel kochen. Das Gewürz dämpft die blähende Wirkung des Gemüses und unterstützt die Verdauung.

Abb. 9

Abb. 10

Abb. 11

Abb. 12

Abb. 13

Ramsdorfer Rolle

500 g Mehl
1 Würfel frische Hefe
1/8 l lauwarme Milch
50 g Butter
Salz
400 g gemischtes Hackfleisch
Pfeffer
Paprikapulver
1 Tl gerebelter Majoran
2 Zucchini
1 rote Paprikaschote
2 El Butter zum Braten
2 Gewürzgurken
1 Bund Schnittlauch
1 El Butter zum Bestreichen
Thymian und Majoran zum Garnieren

Abb. 1

Abb. 2

Abb. 3

1. Das Mehl in eine Schüssel sieben und in die Mitte eine Vertiefung drücken. Die Hefe dort hineinbröckeln.
2. Die Milch zu der Hefe gießen und diese darin auflösen. Die Butter schmelzen lassen und zusammen mit dem Salz zu dem Teig geben. Alles zusammen verkneten. Abgedeckt an einem warmen Ort ca. 30 Minuten gehen lassen.
3. In der Zwischenzeit das Hackfleisch mit Salz, Pfeffer, Paprikapulver und Majoran abschmecken.
4. Die Zucchini waschen und in feine Würfel schneiden. Die Paprika ebenfalls waschen, halbieren, entkernen und in Rauten schneiden.
5. Die Butter in einer Pfanne erhitzen und das Gemüse darin kurz anschwitzen.
6. Die Gewürzgurken fein würfeln. Den Schnittlauch waschen, trockenschleudern und in feine Röllchen schneiden (Abb. 1). Beides zusammen mit dem Gemüse zu dem Hackfleisch geben.
7. Den Teig zu einem Rechteck von ca. 30 x 40 cm ausrollen (Abb. 2). Die Füllung darauf verteilen, jedoch das letzte Drittel aussparen (Abb. 3).
8. Die Teigplatte an den Seiten zusammenklappen und aufrollen (Abb. 4). Halbrund zusammenlegen, mit einem Messer ein Zickzackmuster einritzen (Abb. 5) und im Backofen bei 200 °C ca. 1 Stunde backen. Zwischendurch mit Butter bestreichen.
9. Herausnehmen, anrichten, mit Thymian und Majoran garnieren und servieren.

Abb. 4

Abb. 5

Pro Portion
ca. 3555 kJ/846 kcal
Vorbereitungszeit: 45 Minuten
Zubereitungszeit: 1 Stunde

Apfelstrudel

375 g Mehl
1 Ei
Salz
Zucker
1/4 l Milch
1 El Butter
1 kg säuerliche Äpfel
125 g Rumrosinen
2 El gehackte Walnüsse
1 Tl Zimt
Fett für das Backblech
1 El Butter zum Bestreichen
Puderzucker zum Bestäuben
Minzezweige und Apfelscheiben zum Garnieren

1. Das Mehl mit dem Ei, Salz, Zucker und der Milch zu einem glatten Teig verrühren. Den Teig mit der Butter bestreichen und ca. 30 Minuten zugedeckt ruhen lassen.
2. In der Zwischenzeit die Füllung zubereiten. Dafür die Äpfel schälen, vierteln, entkernen und in Scheiben schneiden.
3. Die Apfelscheiben mit den Rumrosinen und den gehackten Walnüssen mischen. Die Füllung mit dem Zimt und je nach Geschmack mit Zucker aromatisieren.
4. Den Teig auf einem Küchentuch dünn ausrollen. Über den Handrücken soweit ausziehen, daß man fast hindurchschauen kann.
5. Die Füllung darauf verteilen, jedoch das letzte Drittel aussparen, damit beim Aufrollen die Füllung vorne nicht heraus kommt.
6. Die Seiten einschlagen und den Strudel mit Hilfe des Küchentuches aufrollen. Auf ein gefettetes Backblech legen und im vorgeheizten Backofen bei 200 °C ca. 45 Minuten backen. Zwischendurch immer wieder mit der Butter bestreichen.
7. Herausnehmen, den Strudel anrichten, mit Puderzucker bestäuben und mit Minzezweigen und Apfelscheiben garniert servieren.

Pro Portion
ca. 2797 kJ/666 kcal
Vorbereitungszeit: 50 Minuten
Zubereitungszeit: 45 Minuten

Kirschstrudel

Bei diesem Strudel werden die Äpfel durch Kirschen ersetzt. Bevor der Strudelteig belegt wird, kann man ihn mit flüssiger Butter und saurer Sahne bestreichen. Dann 750 g Kirschen daraufgeben und wie im Hauptrezept beschrieben weiter zubereiten.

Pro Portion
ca. 2688 kJ/640 kcal
Vorbereitungszeit: 50 Minuten
Zubereitungszeit: 45 Minuten

Schokoladenstrudel

Der Strudel wird bei dieser Variation mit 100 g geriebener Schokolade und 70 g gehobelten Haselnußkernen bestreut. Dann wird eine Masse hergestellt aus 70 g Zucker, der mit 3 Eigelb schaumig geschlagen wird. Die 3 Eiweiß werden steif geschlagen und vorsichtig daruntergehoben. Das Ganze auf die Schokolade streichen und den Strudel wie beschrieben weiter zubereiten.

Pro Portion
ca. 3318 kJ/790 kcal
Vorbereitungszeit: 40 Minuten
Zubereitungszeit: 45 Minuten

Rahmstrudel

Der Strudel wird mit 1 Becher saurer Sahne, 150 g eingeweichten Korinthen und 2 El gehackten Mandeln gefüllt.

Pro Portion
ca. 2394 kJ/570 kcal
Vorbereitungszeit: 45 Minuten
Zubereitungszeit: 45 Minuten

Feine Geflügelrollen

250 g Mehl
Salz
3 El Öl
1 El flüssige Butter
300 g geräucherter Putenbrustaufschnitt
1 Bund Petersilie
1 Dose Mandarinenfilets (175 g Einwaage)
1 Glas rote Kirschen (225 g Einwaage)
Pfeffer
Curry
Minzezweige zum Garnieren

1. Das Mehl mit Salz, 1/8 l Wasser und dem Öl zu einem einheitlichen Teig kneten. Den Teig zu einem Kloß formen, mit der flüssigen Butter bestreichen (Abb. 1) und ca. 30 Minuten ruhen lassen.
2. In der Zwischenzeit die Füllung vorbereiten. Dafür die Putenbrust in feine Streifen schneiden.
3. Die Petersilie waschen, trockenschleudern und fein hacken. Die Mandarinen und die Kirschen auf ein Sieb geben und abtropfen lassen.
4. Die Putenbruststreifen mit der Petersilie und dem Obst mischen. Die Füllung mit Salz, Pfeffer und Curry abschmecken.
5. Den Strudelteig in vier Portionen teilen und hauchdünn ausrollen (Abb. 2).
6. Die Füllung darauf verteilen und die kleinen Strudeln aufrollen (Abb. 3). Im Backofen bei 200 °C ca. 45 Minuten backen.
7. Die Geflügelrollen anrichten, mit Minzezweigen garnieren und servieren.

Pro Portion
ca. 1894 kJ/451 kcal
Vorbereitungszeit: 30 Minuten
Zubereitungszeit: 45 Minuten

Abb. 1

Abb. 2

Abb. 3

Abb. 1

Abb. 2

Abb. 3

Käse-Mangold-Strudel

250 g Mehl
100 g Butter
1 Ei
Salz
1 kg Mangold
200 g Schafskäse
3 Schalotten
50 g gehackte Mandeln
Pfeffer
Muskat
Fett für das Backblech
Tomatenachtel und glatte Petersilie zum Garnieren

1. Das Mehl in eine Schüssel geben.
2. Die Butter schmelzen lassen und zusammen mit dem Ei und etwas Salz dazugeben. Alles zu einem glatten Teig verkneten. Den Teig in eine Klarsichtfolie wickeln (Abb. 1) und kühl stellen.
3. In der Zwischenzeit die Füllung zubereiten. Dafür den Mangold waschen. In kochendem Salzwasser ca. 3 Minuten blanchieren, herausnehmen und abtropfen lassen (Abb. 2).
4. Den Schafskäse in kleine Würfel schneiden. Die Schalotten schälen und ebenfalls in kleine Würfel schneiden. Beides mit den Mandeln und dem Mangold vermischen. Die Füllung mit Salz, Pfeffer und Muskat abschmecken.
5. Den Strudelteig hauchdünn ausrollen und die Füllung darauf verteilen. Dabei das untere Drittel nicht füllen (Abb. 3).
6. Den Strudel aufrollen, auf ein gefettetes Backblech legen und im Backofen bei 200 °C ca. 45 Minuten backen.
7. Den Strudel anrichten, mit Tomatenachteln und glatter Petersilie garnieren und servieren.

Pro Portion
ca. 2797 kJ/666 kcal
Vorbereitungszeit: 40 Minuten
Zubereitungszeit: 45 Minuten

Birnentaschen

250 g Weizenvollkornmehl
Salz
3 El Öl
4 Birnen
3/8 l Rotwein
1/8 l Portwein
1/8 l Birnensaft
100 g Zwieback
1 Tl Zimt
1 El Zucker
1 Eiweiß
1 El Milch
Fett für das Backblech
Zimt-Zucker zum Bestreuen
Minzezweige zum Garnieren

1. Aus dem Mehl, Salz, 1/8 l Wasser und dem Öl einen glatten Teig rühren. Diesen in Frischhaltefolie wickeln und für ca. 30 Minuten in den Kühlschrank legen.
2. In der Zwischenzeit die Füllung zubereiten. Dafür die Birnen waschen, schälen, entkernen und in Spalten schneiden.
3. Den Rotwein mit dem Portwein und dem Birnensaft in einen Topf geben und die Birnenspalten darin 10 Minuten dünsten. Herausnehmen, abtropfen lassen und bereitstellen.
4. Die Zwiebäcke reiben und mit den Birnen vermengen. Die Füllung mit Zimt und Zucker abschmecken.
5. Den Teig auf einer bemehlten Arbeitsfläche dünn ausrollen. Quadrate von 10 x 12 cm ausschneiden und die Füllung auf diese Quadrate verteilen.
6. Die Ränder mit Eiweiß bestreichen, zusammenklappen und fest andrücken. Die Taschen mit der Milch bepinseln und auf ein gefettetes Backblech legen. Im Backofen bei 200 °C ca. 35 Minuten backen.
7. Die Taschen anrichten, mit Zimt-Zucker bestreuen, mit Minzezweigen garnieren und servieren.

Pro Portion
ca. 2514 kJ/598 kcal
Vorbereitungszeit: 30 Minuten
Zubereitungszeit 35 Minuten

Rhabarber-Rollen

250 g dunkles Weizenmehl (Typ 1050)
Salz
3 El Öl
750 g Rhabarber
3 Bananen
2 El Zucker
50 g gehackte Haselnußkerne
Fett für das Backblech
Puderzucker zum Bestäuben
Minzezweige zum Garnieren

1. Aus dem Mehl, Salz, dem Öl und 1/8 l Wasser einen einheitlichen Teig kneten und diesen in Frischhaltefolie gewickelt 30 Minuten im Kühlschrank ruhen lassen.
2. Den Rhabarber putzen, waschen und in 3 cm große Stücke schneiden.
3. Die Bananen schälen und ebenfalls in breite Stücke schneiden. Beides mit dem Zucker und etwas Wasser in einen Topf geben und weich dünsten. Danach die gehackten Haselnußkerne daruntergeben.
4. Den Teig in vier Portionen teilen und diese dünn ausrollen. Die Füllung darauf verteilen und das Ganze aufrollen.
5. Die Rhabarber-Rollen auf ein gefettetes Backblech legen und im Backofen bei 200 °C ca. 35 Minuten backen.
6. Mit Puderzucker bestäuben, anrichten, mit Minzezweigen garnieren und servieren.

Pro Portion
ca. 2107 kJ/501 kcal
Vorbereitungszeit: 40 Minuten
Zubereitungszeit: 35 Minuten

TIP

Rhabarber wird vorwiegend im Freiland, aber auch unter Glas angebaut. Für Treibhausware beginnt die Saison schon im Januar, während die Freilandsaison erst im Mai anfängt. Es ist empfehlenswert, frisches Obst und Gemüse zu der normalen Erntezeit zu kaufen.

Deftiger Gemüsestrudel

125 g Mehl
1 Eigelb
1 Tl Öl
Salz
1 Spitzkohl (750 g)
100 g geräucherter Kasseleraufschnitt
Schwarzer Pfeffer aus der Mühle
1 Msp. Kümmelkörner
1 Tl gerebelter Majoran
Muskat
Fett für das Backblech
1 El Milch
Glatte Petersilie zum Garnieren

1. Das Mehl mit dem Eigelb, dem Öl, Salz und ca. 1/8 l Wasser vermengen und zu einem glatten Teig verkneten. Den Strudelteig in eine Frischhaltefolie wickeln und im Kühlschrank ca. 30 Minuten ruhen lassen.
2. In der Zwischenzeit den Spitzkohl putzen, waschen und den Strunk entfernen. Den Spitzkohl in 2 cm breite Streifen schneiden.
3. Den Kasseleraufschnitt ebenfalls in Streifen schneiden. Beides vermischen und kräftig mit Salz, Pfeffer, Kümmelkörnern, Majoran und Muskat abschmecken.
4. Den Strudelteig auf einem Küchentuch hauchdünn ausrollen und die Füllung darauf verteilen. Hierbei darauf achten, daß im unteren Drittel keine Füllung mehr liegt, da sie sich sonst beim Aufrollen herausdrückt. Den Strudel mit Hilfe des Tuches aufrollen und auf ein gefettetes Backblech legen. Mit der Milch bepinseln und im Backofen bei 200 °C ca. 45 Minuten backen.
5. Den Strudel anrichten, mit glatter Petersilie garnieren und servieren.

Pro Portion
ca. 1084 kJ/258 kcal
Vorbereitungszeit: 40 Minuten
Zubereitungszeit: 45 Minuten

Portweintaschen

125 g Mehl
1 Eigelb
1 Tl Öl
Salz
500 g Lauch
25 g Butter
200 ml Portwein
Pfeffer
Muskat
1 Becher Crème fraîche
1 Eiweiß
Fett für das Backblech
1 El Kaffeemilch

1. Aus dem Mehl, dem Eigelb, dem Öl, Salz und ca. 1/8 l Wasser einen Strudelteig kneten. Diesen in Frischhaltefolie gewickelt im Kühlschrank 30 Minuten ruhen lassen.
2. In der Zwischenzeit den Lauch putzen, in 1 cm breite Ringe schneiden und waschen. Tropfnaß mit der Butter in einen Topf geben. Den Portwein dazugießen und das Ganze ca. 20 Minuten dünsten.
3. Anschließend auf ein Sieb geben und abtropfen lassen. Den Gemüsesud dabei auffangen.
4. Das Ganze mit Salz, Pfeffer und Muskat abschmecken.
5. Die Crème fraîche daruntergeben und mit dem aufgefangenen Gemüsesud abschmecken.
6. Den Strudelteig ausrollen und Rechtecke von 10 x 12 cm ausschneiden. Die Füllung darauf verteilen. Die Ränder mit Eiweiß bestreichen, zu Taschen zusammenklappen und die Ränder fest andrücken.
7. Die Portweintaschen auf ein gefettetes Backblech legen und mit der Kaffeemilch bestreichen. Im Backofen bei 200 °C ca. 35 Minuten backen.
8. Die Portweintaschen anrichten und servieren.

Pro Portion
ca. 1738 kJ/414 kcal
Vorbereitungszeit: 45 Minuten
Zubereitungszeit: 35 Minuten

Süße Käserolle

250 g Mehl
Salz
3 Eier
3 El Öl
500 g Mascarpone
1 Apfelsine
2 Kiwis
2 Eier
125 g Rumrosinen
1 El Zucker
Fett für das Backblech
Zimt-Zucker zum Bestreuen
Zitronenmelisse, Kiwiwürfel und Orangenscheiben zum Garnieren

1. Das Mehl in eine Schüssel geben und mit dem Salz, den Eiern und dem Öl zu einem glatten Teig verkneten (Abb. 1). Den Teig in eine Frischhaltefolie wickeln und ca. 30 Minuten in den Kühlschrank legen.
2. In der Zwischenzeit den Mascarpone in eine Schüssel geben.
3. Die Apfelsine schälen, so daß keine weiße Haut mehr daran ist (Abb. 2). Mit einem scharfen Messer die Filets herauslösen (Abb. 3). Danach in Würfel schneiden und zu dem Mascarpone geben.
4. Die Kiwis schälen und ebenfalls in Würfel schneiden. Zusammen mit den Eiern und den Rumrosinen zu dem Mascarpone geben. Die Füllung mit dem Zucker abschmecken.
5. Den Strudelteig auf einem Küchentuch dünn ausrollen (Abb. 4) und die Füllung darauf verteilen.
6. Den Teig an den Seiten einschlagen (Abb. 5) und zusammenrollen. Die Käserolle auf ein gefettetes Backblech legen und im Backofen bei 200 °C ca. 45 Minuten backen.
7. Herausnehmen und anrichten. Mit dem Zimt-Zucker bestreuen, mit Zitronenmelisse, Kiwiwürfeln und Orangenscheiben garnieren und servieren.

Pro Portion
ca. 3891 kJ/926 kcal
Vorbereitungszeit: 45 Minuten
Zubereitungszeit: 45 Minuten

Abb. 1

Abb. 2

Abb. 3

Abb. 4

Abb. 5

Französische Teigtaschen

250 g Mehl
Salz
3 El Öl
1 rote Zwiebel
2 El Knoblauchöl
375 g gemischtes Hackfleisch
450 g TK-Gemüsemischung (Ratatouille)
Pfeffer
Paprika
Kräuter der Provence
4 El französischer Rotwein
1 Ei
Fett für das Backblech
Glatte Petersilie und Tomatenachtel zum Garnieren

1. Das Mehl mit dem Salz, dem Öl und ca. 1/8 l Wasser zu einem Strudelteig verkneten. Diesen in Frischhaltefolie wickeln und im Kühlschrank ca. 30 Minuten ruhen lassen.
2. In der Zwischenzeit die Zwiebel schälen und in feine Würfel schneiden. Das Knoblauchöl in einer Pfanne erhitzen und die Zwiebel darin glasig dünsten.
3. Das Hackfleisch dazugeben und bröselig anbraten. Das aufgetaute Gemüse dazugeben und kurz anbraten.
4. Das Ganze mit den Gewürzen und Kräutern aromatisieren und mit dem Rotwein abschmecken. Ca. 10 Minuten dünsten.
5. Den Teig auf einem Küchentuch ausrollen und Rechtecke von 10 x 12 cm ausschneiden. Die Füllung darauf verteilen.
6. Das Ei trennen und die Teigränder mit dem Eiweiß einstreichen. Zu Taschen zusammenklappen und die Ränder fest andrücken. Die Teigtaschen mit dem verquirlten Eigelb bestreichen und auf ein gefettetes Backblech legen. Im Backofen bei 200 °C ca. 25 Minuten backen.
7. Die Teigtaschen anrichten, mit glatter Petersilie und Tomatenachteln garnieren und servieren.

Pro Portion
ca. 2737 kJ/651 kcal
Vorbereitungszeit: 45 Minuten
Zubereitungszeit: 25 Minuten

Italienische Teigtaschen

Der Teig wird wie im Hauptrezept beschrieben zubereitet. Gefüllt werden die Teigtaschen mit 375 g gemischtem Hackfleisch, 3 gewürfelten Tomaten, 2 in feine Würfel geschnittenen Zwiebeln, 100 g in Streifen geschnittenem, durchwachsenem Bauchspeck und 200 g kleinen Champignons. Die Füllung wird vorher in einer Pfanne gedünstet und mit Salbei, Thymian und Oregano abgeschmeckt.

Pro Portion
ca. 3218 kJ/766 kcal
Vorbereitungszeit: 45 Minuten
Zubereitungszeit: 25 Minuten

Spanische Teigtaschen

Die Teigtaschen wie beschrieben zubereiten, allerdings wird die Füllung aus 1 Dose Thunfisch (naturell), 15 schwarzen Oliven, 2 Knoblauchzehen und 3 Tomaten hergestellt. Die Zutaten werden alle klein gewürfelt und mit Koriander, Rosmarin und Basilikum gewürzt.

Pro Portion
ca. 2073 kJ/493 kcal
Vorbereitungszeit: 45 Minuten
Zubereitungszeit: 25 Minuten

Türkische Teigtaschen

Die türkischen Teigtaschen werden mit einer Füllung aus 100 g in Stücke geschnittenen, blanchierten Frühlingszwiebeln, 3 zerdrückten Knoblauchzehen, 150 g in Würfel geschnittenem Schafskäse und 40 g gehackten Pinienkernen zubereitet.

Pro Portion
ca. 1878 kJ/447 kcal
Vorbereitungszeit: 45 Minuten
Zubereitungszeit: 25 Minuten

Aufläufe und Puddings – ein Geheimtip für Feinschmecker

Köstlich, abwechslungsreich und doch problemlos in der Zubereitung: Diese Gerichte bieten für jeden Geschmack etwas. Nicht nur zum krönenden Abschluß eines Essens kann man sie servieren, sondern auch als Hauptspeise sind einige hervorragend geeignet.

Drei-Frucht-Auflauf

100 g Perlsago
1/8 l Apfelsaft
1/8 l Weißwein
2 Kiwis
200 g Süßkirschen
1/2 Honigmelone
Fett für die Form
50 g gemahlene Haselnußkerne
30 g braunen Zucker
3 Eigelb
Kirschen und Minzezweige zum Garnieren

1. Das Perlsago mit dem Apfelsaft und dem Weißwein in einen Topf geben und aufkochen lassen. Vom Herd nehmen und ausquellen lassen.
2. Die Kiwis schälen und in Würfel schneiden. Die Kirschen waschen, abtropfen lassen und entkernen. Aus der Honigmelone mit einem Kugelausstecher kleine Kügelchen auslösen.
3. Den ausgequollenen Sago in drei Portionen teilen. Einen Teil mit den Kiwiwürfeln mischen und in eine gefettete Auflaufform geben. Den zweiten Teil mit den Kirschen vermengen und über die Kiwigrütze legen. Den dritten Teil mit den Honigmelonenkugeln mischen und als letzte Schicht über den Auflauf geben.
4. Die Nüsse mit dem Zucker und dem Eigelb verrühren und über den Auflauf streichen. Das Ganze im Backofen bei 180 °C ca. 15 Minuten überbacken.
5. Herausnehmen, mit Kirschen und Minzezweigen garnieren und servieren.

Pro Portion
ca. 1080 kJ/257 kcal
Vorbereitungszeit: 40 Minuten
Zubereitungszeit: 15 Minuten

TIP

Dieser Drei-Frucht-Auflauf läßt sich auch mit anderen frischen Früchten zubereiten. Je nach Geschmack können Sie ihm eine exotische, eine herb-süße oder eine fruchtig-pikante Note geben.

Pfirsich-Charlotte

1 kg Pfirsiche
50 g Butter
100 g Zucker
1 El Zitronensaft
1 El Pfirsichkonfitüre
1/4 l Wein
3 El Pfirsichlikör
3 Tl Kartoffelstärke
1 Weißbrot (500 g)
50 g Butter
100 g Zucker
Fett für die Form
Pfirsichspalten und Minzezweige zum Garnieren

1. Die Pfirsiche waschen und oben kreuzweise einritzen (Abb. 1). In einem hohen Topf ausreichend Wasser zum Kochen bringen und die Pfirsiche darin 15 Sekunden lang eintauchen (Abb. 2).
2. Die Pfirsiche herausnehmen und schälen (Abb. 3). Entkernen (Abb. 4) und in Scheiben schneiden (Abb. 5).
3. 50 g Butter mit dem Zucker, dem Zitronensaft, der Konfitüre, dem Wein und dem Likör in einen Topf geben. Die Pfirsichspalten dazugeben und das Ganze ca. 15 Minuten dünsten (Abb. 6). Die Kartoffelstärke in etwas kaltem Wasser anrühren und die Masse damit binden.
4. Das Weißbrot in Scheiben schneiden und entrinden (Abb. 7).
5. Die restliche Butter schmelzen lassen und die Brotscheiben darin mit einer Seite eintauchen (Abb. 8). Danach die gleiche Seite durch den Zucker ziehen (Abb. 9).
6. Eine runde Auflaufform einfetten und mit den Brotscheiben auslegen, und zwar so, daß die gezuckerte Seite nach außen zeigt (Abb. 10).
7. Die Pfirsichmasse einfüllen (Abb. 11) und mit den restlichen Brotscheiben abdecken (Abb. 12). Das Ganze im Backofen bei 200 °C ca. 30 Minuten backen.
8. Die Pfirsich-Charlotte herausnehmen und auf eine Platte stürzen (Abb. 13). Mit Pfirsichspalten und Minzezweigen garnieren und servieren.

Pro Portion
ca. 3684 kJ/877 kcal
Vorbereitungszeit: 40 Minuten
Zubereitungszeit: 30 Minuten

Abb. 1

Abb. 2

Abb. 3

Abb. 4

Abb. 5

Abb. 6

Abb. 7

Abb. 8

TIP

Feine Mehlspeisen, die in einer Form gebacken werden, garen im unteren Teil oft zu schnell, wenn die Schüssel unmittelbar Kontakt mit dem heißen Backblech hat. Bestreuen Sie das Blech mit etwas grobem oder feinem Salz, damit eine Pufferzone entsteht.

Abb. 9

Abb. 10

Abb. 11

Abb. 12

Abb. 13

Englischer Plumpudding

3 Eier
3 Eigelb
125 g Mehl
3/8 l Milch
250 g Paniermehl
175 g Butterschmalz
125 g Rosinen
125 g Korinthen
Salz
70 g Zucker
1 El Butter zum Bestreichen
Mehl zum Bestreuen
Feigen, Kiwis, helle Trauben und Zitronenmelisse zum Garnieren

1. Die Eier mit dem Eigelb schaumig schlagen (Abb. 1).
2. Das Mehl abwechselnd mit der Milch, dem Paniermehl und dem Schmalz unter Rühren dazugeben.
3. Die Rosinen und Korinthen unter fließendem Wasser abspülen, bis das Wasser klar bleibt. Zusammen mit etwas Salz und dem Zucker zur Puddingmasse geben.
4. Eine große Stoffserviette (oder ein Küchentuch) in eine Schüssel legen und mit der Butter bestreichen (Abb. 2). Etwas Mehl darauf streuen (Abb. 3) und die Puddingmasse einfüllen (Abb. 4). Die Serviette bzw. das Tuch oben zusammenbinden (Abb. 5).
5. Das Ganze in einen Topf mit kochendem Wasser geben und ca. 3-4 Stunden kochen lassen.
6. Den Plumpudding aus dem Tuch nehmen, anrichten, mit Feigen, Kiwis, hellen Trauben und Zitronenmelisse garnieren und servieren.

Pro Portion
ca. 4415 kJ/1051 kcal
Vorbereitungszeit: 30 Minuten
Zubereitungszeit: 90 Minuten

Abb. 1

Abb. 2

Abb. 3

Abb. 4

Abb. 5

Grießauflauf

3/4 l Milch
100 g Grieß
4 Eier
50 g Butter
100 g Zucker
geriebene Schale 1/2 Zitrone
200 g Erdbeeren
1 El Erdbeermarmelade
3 Eiweiß
Erdbeeren und Minzezweige zum Garnieren

1. Die Milch zum Kochen bringen und den Grieß einstreuen. Das Ganze ca. 15 Minuten kochen lassen und danach langsam unter Rühren ein Ei daruntergeben und den Grießbrei erkalten lassen.
2. Die Butter mit 70 g Zucker schaumig schlagen. Die restlichen Eier trennen. Das Eigelb zu dem Butter-Zuckergemisch geben und kräftig durchschlagen, bis die Masse hellgelb ist. Das Eiweiß steif schlagen.
3. Den Eischnee mit der Zitronenschale unter die Eimasse heben und das Ganze mit dem erkalteten Grießbrei vermengen.
4. Die Hälfte des Grießbreis in eine gefettete Auflaufform einfüllen.
5. Die Erdbeeren putzen, waschen und in Scheiben schneiden. Auf den Grießbrei legen. Danach den Rest des Grießbreis darüber streichen.
6. Die Erdbeermarmelade mit dem restlichen Zucker und einem Eiweiß gut durchrühren. Das restliche Eiweiß sehr steif schlagen und unter die Erdbeermasse heben.
7. Das Ganze über den Auflauf streichen und diesen bei 140 °C ca. 45 Minuten backen.
8. Herausnehmen, anrichten, mit Erdbeerscheiben und Minzezweigen garnieren und sofort servieren.

Pro Portion
ca. 2217 kJ/528 kcal
Vorbereitungszeit: 40 Minuten
Zubereitungszeit: 45 Minuten

Grießauflauf mit Kokosnuß

Bei dieser Variation werden dem Grießbrei 200 g Kokosraspeln zugefügt. Anstelle der Erdbeeren werden 150 g geraspelte Schokoladenstückchen in den Auflauf gelegt. In den Eiweißschaum zum Überbacken wird etwas Kakaopulver hineingestreut.

Pro Portion
ca. 4648 kJ/1106 kcal
Vorbereitungszeit: 40 Minuten
Zubereitungszeit: 45 Minuten

Grießauflauf mit Ananas

Bei dieser Variation wird der Auflauf gefüllt mit Ananasstückchen (1 kleine Dose), die mit 100 g gehobelten Mandeln vermischt werden. Der Eiweißschaum zum Überbacken wird mit 1 El Ananaskonfitüre verfeinert.

Pro Portion
ca. 2884 kJ/686 kcal
Vorbereitungszeit: 40 Minuten
Zubereitungszeit: 45 Minuten

Grießauflauf mit Rotwein

Hierfür werden 2 cl Rotwein mit in den Grießbrei hineingegeben. Gefüllt wird der Auflauf mit 200 g geschälten, entkernten, blauen Trauben. Der Eiweißschaum zum Überbacken wird ohne Marmelade hergestellt.

Pro Portion
ca. 2196 kJ/523 kcal
Vorbereitungszeit: 40 Minuten
Zubereitungszeit: 45 Minuten

Grüner Sago-Auflauf

3/4 l Milch
120 g Perlsago
60 g Butter
90 g Zucker
4 Eier
Zimt
3 El Waldmeistersirup
Fett für die Form
1 Flasche Vanillesauce (Fertigprodukt)
Minzezweige zum Garnieren

1. Die Milch zum Kochen bringen und den Sago unter Rühren dazugeben (Abb. 1). So lange rühren, bis er glasig geworden ist (Abb. 2). Vom Herd nehmen und abkühlen lassen.
2. Die Butter mit dem Zucker schaumig schlagen. Die Eier trennen. Das Eigelb zu der Butter geben und das Ganze so lange rühren, bis die Masse hellgelb ist (Abb. 3).
3. Das Eiweiß zu steifem Schnee schlagen und zusammen mit dem Sagobrei zu der Eigelbmasse geben.
4. Das Ganze mit Zimt und dem Waldmeistersirup verfeinern. In eine gefettete Auflaufform füllen und im Backofen bei 150 °C ca. 45 Minuten überbacken.
5. Den Auflauf mit einer Vanillesauce anrichten, mit Minzezweigen garnieren und servieren.

Pro Portion
ca. 2504 kJ/596 kcal
Vorbereitungszeit: 30 Minuten
Zubereitungszeit: 45 Minuten

Abb. 1

Abb. 2

Abb. 3

Abb. 1

Abb. 2

Abb. 3

Süßer Möhrenpudding

1/2 Sellerieknolle	
3 dicke Möhren	
2 Äpfel	
200 g Weißbrot ohne Rinde	
Milch zum Einweichen	
100 g Butter	
100 g Zucker	
6 Eier	
125 g Sultaninen	
1 El gehackte Haselnußkerne	
3-4 Tropfen Orangenschalenaroma	
Fett für die Form	
Minzezweige zum Garnieren	

1. Die Sellerieknolle und die Möhren schälen und in Stücke schneiden.
2. In kochendem Wasser bißfest garen. Danach mit einer Küchenreibe fein reiben (Abb. 1).
3. Die Äpfel schälen, halbieren, entkernen und ebenfalls fein reiben. Mit dem Gemüse mischen.
4. Das Weißbrot in der Milch einweichen.
5. Die Butter mit dem Zucker schaumig schlagen. Die Eier trennen (Abb. 2) und das Eigelb zu der Butter geben. Das Ganze so lange schlagen, bis die Masse hellgelb ist.
6. Das Eiweiß zu steifem Schnee schlagen.
7. Das Weißbrot ausdrücken und zu Brei verrühren. Das Gemüseapfelgemisch dazugeben und alles gut vermengen (Abb. 3).
8. Die Eigelbmasse unterrühren und den Eischnee vorsichtig unterheben.
9. Die Sultaninen unter fließendem Wasser waschen, bis das Wasser klar bleibt und zusammen mit den Nüssen und dem Orangenschalenaroma in den Teig geben.
10. Die Puddingmasse in eine gefettete Form füllen und im Wasserbad 90 Minuten garen. Herausnehmen, mit Minzezweigen garnieren und servieren.

Pro Portion
ca. 3172 kJ/755 kcal
Vorbereitungszeit: 30 Minuten
Zubereitungszeit: 90 Minuten

Miss Marple's Kastanienpudding

1 Dose Maronen (225 g)
50 g Butter
75 g Kokosfett
75 g Zucker
75 g Rumrosinen
2 Eier
2 Eigelb
1 El bittere Orangenmarmelade
1/2 Becher süße Sahne
50 g Mandelmakronen
35 g Mehl
Fett für die Form
Zitronenmelisse zum Garnieren

1. Die Kastanien auf ein Sieb geben und abtropfen lassen.
2. Die Hälfte der Kastanien mit der Butter und dem Kokosfett in einen Mixer geben und pürieren. Die restlichen Kastanien grob hacken.
3. Den Zucker mit den Rumrosinen, den Eiern, dem Eigelb, der Marmelade und der Sahne dazugeben und alles gut verrühren.
4. Die Mandelmakronen fein reiben und zusammen mit dem Mehl und den gehackten Kastanien dazugeben.
5. Die Masse in eine gefettete Puddingform füllen und im Wasserbad 2 1/2 Stunden kochen lassen.
6. Herausnehmen, stürzen, mit Zitronenmelisse garnieren und servieren.

Pro Portion
ca. 3150 kJ/750 kcal
Vorbereitungszeit: 30 Minuten
Zubereitungszeit: 2 1/2 Stunden

Winzer-Auflauf

4 Eier
225 g Zucker
100 g Mehl
1 Päckchen Vanillinzucker
Fett für die Form
300 ml Weißwein
3-4 Tropfen Orangenschalenaroma
1 Msp. Zimtpulver
100 g helle Trauben
Zitronenmelisse zum Garnieren

1. Die Eier trennen. Das Eigelb mit 150 g Zucker so lange schaumig schlagen, bis die Masse hellgelb ist.
2. Das Eiweiß zu steifem Schnee schlagen.
3. Das Mehl mit dem Vanillinzucker mischen und unter die Eigelbmasse geben. Den Eischnee vorsichtig darunterheben.
4. Die Masse in eine gefettete Auflaufform füllen und im Backofen bei 150 °C ca. 45 Minuten backen.
5. Den Wein mit dem restlichen Zukker, Orangenschalenaroma und dem Zimt aufkochen lassen.
6. Die Weintrauben schälen, halbieren und entkernen. Zu dem Wein geben und darin erhitzen.
7. Den Auflauf anrichten, mit Zitronenmelisse garnieren und die Sauce getrennt dazu reichen.

Pro Portion
ca. 1992 kJ/474 kcal
Vorbereitungszeit: 20 Minuten
Zubereitungszeit: 45 Minuten

Beschwipster Brötchenauflauf

6 altbackene Brötchen
1/2 l Rotwein
150 g Zucker
abgeriebene Schale 1/2 Zitrone
30 g Maisstärke
6 Eier
Salz
2 El Butter zum Braten
1 Glas Johannisbeergelee (125 g)
Minzezweige und Zitronenachtel zum Garnieren

1. Die Kruste der Brötchen mit einer Küchenreibe abreiben. Danach die Brötchen in Scheiben schneiden und in eine flache Schüssel legen.
2. Den Wein mit 100 g Zucker und der Zitronenschale zum Kochen bringen. Die Maisstärke mit etwas kaltem Wasser anrühren und den Wein damit binden. Vom Herd nehmen.
3. Die Eier trennen. Das Eigelb mit Salz schaumig schlagen und langsam unter den Wein rühren.
4. Diesen Weinschaum über die Brötchenscheiben gießen und einziehen lassen.
5. Die Brötchenscheiben herausnehmen, abtropfen lassen und in der abgeriebenen Brötchenkruste wenden.
6. Die Butter erhitzen und die Brötchenscheiben darin von beiden Seiten goldgelb braten.
7. Abkühlen lassen und mit dem Gelee bestreichen. In eine Auflaufform schichten.
8. Das Eiweiß mit dem restlichen Zucker zu steifem Schnee schlagen und darüber verteilen.
9. Im Backofen bei 150 °C überbacken, bis das Eiweiß schön braun ist. Herausnehmen, mit Minzezweigen und Zitronenachteln garnieren und servieren.

Pro Portion
ca. 2832 kJ/674 kcal
Vorbereitungszeit: 45 Minuten
Zubereitungszeit: 30 Minuten

Hirse-Quittenpudding

100 g Hirse
1/4 l Milch
25 g Butter
Salz
2 El Zucker
1-2 Tropfen Zitronenaroma
1 Eiweiß
4 Quitten
Fett für die Förmchen

1. Die Hirse unter fließendem kaltem Wasser abspülen. Danach mit genügend Wasser einmal aufkochen lassen. Auf ein Sieb geben und abtropfen lassen.
2. Die Hirse mit der Milch, der Butter und Salz zum Kochen bringen. Den Herd abstellen und die Hirse ausquellen lassen.
3. Den fertigen Hirsebrei mit dem Zucker und dem Zitronenaroma abschmecken.
4. Das Eiweiß steif schlagen und vorsichtig unterheben.
5. Die Quitten schälen, entkernen und in Spalten schneiden. Auf vier eingefettete Souffleförmchen verteilen und den Hirsebrei darüber geben.
6. Im Backofen bei 200 °C goldgelb überbacken.
7. In den Förmchen anrichten und servieren.

Pro Portion
ca. 915 kJ/218 kcal
Vorbereitungszeit: 50 Minuten
Zubereitungszeit: 15 Minuten

Pastor's Sonntagspudding

125 g altes Schwarzbrot
75 g Butter
3 El klarer Korn
125 g Zucker
60 g gemahlene Haselnußkerne
Zimt
3-4 Tropfen Orangenschalenaroma
1 Msp. Kardamompulver
Salz
5 Eier
Fett für die Form
1 Flasche Dessertsauce (Fertigprodukt, Waldbeerengeschmack)
Minzezweige und Heidelbeeren zum Garnieren

1. Das Schwarzbrot fein reiben (Abb. 1) und zusammen mit der Butter ein wenig anrösten.
2. Den Korn mit etwas Wasser mischen und dazugießen. Das Ganze etwas abkühlen lassen.
3. Den Zucker mit den gemahlenen Nüssen, Zimt, Orangenschalenaroma, Kardamompulver und Salz dazugeben und alles gut vermischen (Abb. 2).
4. Die Eier trennen (Abb. 3) und das Eigelb mit zu der Brotmasse geben.
5. Das Eiweiß steif schlagen und vorsichtig unterheben (Abb. 4).
6. Die Masse in eine gefettete Puddingform füllen (Abb. 5) und im Wasserbad ca. 2 Stunden garen lassen.
7. Herausnehmen, auf eine Platte stürzen und mit der Dessertsauce übergießen, mit Minzezweigen und Heidelbeeren garnieren und servieren.

Pro Portion
ca. 2866 kJ/682 kcal
Vorbereitungszeit: 20 Minuten
Zubereitungszeit: 2 Stunden

Abb. 1

Abb. 2

Abb. 4

Abb. 3

Abb. 5

Waffeln – heiß geliebt von groß und klein

Am besten schmecken Waffeln aus der Hand – bei Straßenfesten oder auf der Kirmes. Versierte Waffelesser klappen sie so geschickt zusammen, daß kein Krümmelchen von dem Puderzucker verlorengeht. Aber auch von den Kaffeetafeln sind feine Waffeln in allen Variationen nicht mehr wegzudenken.

Vollkornwaffeln mit Roquefortcreme

200 g Butter
2 Eier
150 g Weizenvollkornmehl
1 Päckchen Backpulver
200 ml Buttermilch
1 Msp. gemahlene Kümmelkörner
Salz
Pfeffer
2 Tropfen Tabasco
200 g Roquefort
2 El Crème double
4 El gehackte, gemischte Kräuter
Glatte Petersilie, Kirschtomaten und
Roquefortstückchen zum Garnieren

TIP

Vollkornmehl ist nur begrenzt lagerfähig. Es kann schnell ranzig werden, da es den Fettanteil der vermahlenen Keime enthält. Frieren Sie es einfach portionsweise ein. Zur Weiterverarbeitung braucht es nicht aufgetaut werden.

1. Die Butter mit den Eiern schaumig schlagen.
2. Das Mehl mit dem Backpulver mischen und dazugeben. Verrühren und mit der Buttermilch den Teig verdünnen. Mit Kümmel, Salz, Pfeffer und Tabasco würzen.
3. Aus dem Waffelteig mit einem Waffeleisen portionsweise Waffeln ausbacken.
4. Den Roquefortkäse mit einer Gabel zerdrücken und mit der Crème double glattrühren. Die Kräuter daruntergeben und das Ganze mit Salz und Pfeffer abschmecken.
5. Die Vollkornwaffeln mit der Roquefortcreme anrichten, mit glatter Petersilie, Kirschtomaten und Roquefortstückchen garnieren und servieren.

Pro Portion
ca. 3766 kJ/896 kcal
Vorbereitungszeit: 15 Minuten
Zubereitungszeit: 30 Minuten

Piepkooken (Neujahrshörnchen)

150 g Butter
4 El Honig
100 g Zucker
3 Eier
1 Tl Zimtpulver
1/2 Tl gemahlener Anissamen
500 g Mehl
1 Msp. Backpulver
1 Packung Zartbitterkuvertüre (250 g)
2 Orangen
3 Kiwis
150 g blaue Trauben
2 Äpfel
1/2 Galiamelone
2 El Walnußkerne
Zucker nach Geschmack
1 Becher süße Sahne
Minzezweige zum Garnieren

1. Die Butter mit dem Honig und dem Zucker schaumig schlagen. Die Eier dazugeben und so lange rühren, bis die Masse eine hellgelbe Farbe hat (Abb. 1).
2. Die Gewürze, das Mehl und das Backpulver dazugeben. Das Ganze mit lauwarmem Wasser zu einem Teig rühren, der leicht vom Löffel fließt.
3. Aus dem Teig portionsweise in einem Hörncheneisen Piepkooken ausbacken (Abb. 2).
4. Die fertigen Hörnchen in Sektkelche geben (Abb. 3), damit automatisch Hörnchen geformt werden.
5. Die ausgekühlten Hörnchen mit dem unteren Ende in flüssige Kuvertüre tauchen (Abb. 4) und diese vollständig fest werden lassen.
6. Die Orangen schälen (Abb. 5), filetieren (Abb. 6) und in Würfel schneiden.
7. Die Kiwis schälen, in Scheiben schneiden und mit Ausstechförmchen z.B. Sterne ausstechen (Abb. 7).
8. Die Weintrauben schälen (Abb. 8) und entkernen (Abb. 9). Die Äpfel schälen, halbieren, entkernen und in Würfel schneiden.
9. Aus der Galiamelone mit einem Kugelausstecher kleine Kugeln auslösen (Abb. 10). Die Obstsorten mit den Walnußkernen mischen (Abb. 11) und eventuell mit Zucker abschmecken.
10. Die Sahne steif schlagen und bereitstellen.
11. Die Piepkooken mit dem Obstsalat füllen (Abb. 12) und mit der geschlagenen Sahne garnieren (Abb. 13).
12. Die Piepkooken anrichten, mit Minzezweigen garnieren und sofort servieren.

Pro Portion
ca. 4221 kJ/1005 kcal
Vorbereitungszeit: 30 Minuten
Zubereitungszeit: 45 Minuten (ohne Auskühlzeit)

Abb. 1

Abb. 2

Abb. 3

Abb. 4

Abb. 5

Abb. 6

Abb. 7

Abb. 8

TIP

Mehl wird ausgesprochen muffig, wenn es offen oder feucht gelagert wird. Frisches Mehl fühlt sich griffig an, ist locker, schön weiß und duftet zart nach Getreide.

Abb. 9

Abb. 10

Abb. 11

Abb. 12

Abb. 13

Herzhafte Speckwaffeln

2 kg Kartoffeln
100 g Mehl
5 Eier
Salz
Pfeffer
2 El Malzbier
1/2 Würfel frische Hefe
Salz
1 El gehackte Petersilie
10-12 Scheiben durchwachsener Speck
frische Oreganozweige zum Garnieren

1. Die Kartoffeln schälen und roh reiben (Abb. 1). Die geriebenen Kartoffeln auf ein Küchentuch geben und gut ausdrücken (Abb. 2).
2. Danach mit dem Mehl, den Eiern, Salz, Pfeffer und dem Malzbier zu einem einheitlichen Teig verrühren.
3. Die Hefe mit etwas Salz flüssig rühren (Abb. 3) und zusammen mit der gehackten Petersilie dazugeben.
4. Das Waffeleisen vorheizen. Jeweils eine Scheibe Speck hineinlegen (Abb. 4) und 2-3 Eßlöffel Teig darüber verteilen (Abb. 5). Das Eisen schließen und die Waffeln knusprig braun ausbacken.
5. Die Waffeln mit Oreganozweigen garniert servieren.

Pro Portion
ca. 2675 kJ/639 kcal
Vorbereitungszeit: 30 Minuten
Zubereitungszeit: 20 Minuten

Abb. 1

Abb. 2

Abb. 4

Abb. 3

Abb. 5

Kirchweihwaffeln

60 g Butter
2 El Zucker
2 Eier
Salz
200 g Mehl
1/4 l Milch
1/2 Würfel frische Hefe
1 Glas Sauerkirschen (175 g)
1 El Kirschwasser
1 El Kartoffelstärke
1 Becher süße Sahne (200 g)
Zucker nach Geschmack
Schokoladenraspeln zum Bestreuen
Minzezweige zum Garnieren

1. Die Butter mit dem Zucker, den Eiern, Salz und dem Mehl verrühren.
2. Die Milch leicht erwärmen und die Hefe darin auflösen. Das Ganze zu dem Teig geben und gut unterrühren.
3. Das Waffeleisen vorheizen. Jeweils 2-3 Eßlöffel Teig in das Eisen geben und die Waffeln knusprig braun ausbacken.
4. Die Sauerkirschen mit der Flüssigkeit in einen Topf geben. Das Kirschwasser dazugeben und das Ganze aufkochen lassen.
5. Etwas Kartoffelstärke mit kaltem Wasser anrühren und die Sauerkirschen damit andicken.
6. Die Sahne mit Zucker nach Geschmack süßen und steif schlagen.
7. Die Waffeln anrichten, mit den Kirschen überziehen und mit der Sahne garnieren. Die Schokoladenraspeln darüber streuen und mit Minzezweigen verziert servieren.

Pro Portion
ca. 2476 kJ/589 kcal
Vorbereitungszeit: 30 Minuten
Zubereitungszeit: 20 Minuten

Kirchweihwaffeln mit Zimt

Der Waffelteig wird mit 1 Tl Zimt verfeinert. Die restliche Zubereitung ist die gleiche wie im Hauptrezept beschrieben. Man kann die Waffeln mit oder ohne Kirschen servieren.

Pro Portion
ca. 2476 kJ/589 kcal
Vorbereitungszeit: 30 Minuten
Zubereitungszeit: 20 Minuten

Kirchweihwaffeln mit Nüssen

100 g gemischte Nüsse (Haselnüsse, Walnüsse, Erdnüsse) fein mahlen und unter den Waffelteig geben. Die Waffeln wie beschrieben zubereiten.

Pro Portion
ca. 3099 kJ/738 kcal
Vorbereitungszeit: 30 Minuten
Zubereitungszeit: 20 Minuten

Kirchweihwaffeln mit Honig

Bei dieser Variation wird in dem Waffelteig anstatt Zucker Honig verwendet. Zusätzlich wird der Teig noch mit einer Messerspitze gemahlenen Nelken verfeinert.

Pro Portion
ca. 2482 kJ/590 kcal
Vorbereitungszeit: 30 Minuten
Zubereitungszeit: 20 Minuten

Teigwaren mit dem ganz persönlichen Geschmack

... sind der große Renner. Mit Lust, Liebe und unseren tollen Rezepten bringen Sie kulinarische Kunstwerke auf den Tisch, die Genießerherzen höher schlagen lassen. In diesem Kapitel finden Sie einige Anregungen, wie man Teigwaren noch abwechslungsreicher bereiten kann. Hier kommen nicht nur Italiener auf den Geschmack.

Gebackene Käsenudeln

125 g geriebener Parmesankäse
125 g Mehl
Salz
Pfeffer
2 El feingeschnittene Basilikumblätter
Fett für das Blech
1 El Butter zum Bestreichen
Basilikumzweige zum Garnieren

1. Den Parmesan mit dem Mehl, Salz und Pfeffer mischen. Das Basilikum dazugeben.
2. Das Ganze mit 1/8 l Wasser zu einem festen Teig verkneten. Diesen in Frischhaltefolie wickeln und ca. 30 Minuten im Kühlschrank ruhen lassen.
3. Danach den Teig dünn ausrollen und in breite Streifen schneiden oder ihn mit Hilfe einer Nudelmaschine in Bandnudeln schneiden.
4. Die fertig geformten Nudeln auf ein gefettetes Backblech legen und mit der Butter bestreichen.
5. Die Nudeln bei 180 °C ca. 35 Minuten backen. Diese Nudeln kann man als Knabbergebäck reichen.

Pro Portion
ca. 964 kJ/229 kcal
Vorbereitungszeit: 40 Minuten
Zubereitungszeit: 35 Minuten

TIP

Aus den Käsenudeln wird ein besonders herzhaftes Knabbergebäck, wenn Sie grob gemahlenen, bunten Pfeffer, Leinsamen oder Kümmel unter den Teig mischen.

Sellerie-Ravioli

300 g Mehl
4 Eier
2 Eiweiß
2 El Öl
Salz
1 Sellerieknolle
2 Zwiebeln
250 g durchwachsener Speck
Pfeffer
Muskat
3 El gehackte Petersilie
2 Tl flüssige Butter
Petersilie zum Garnieren

1. Das Mehl auf eine Arbeitsfläche sieben und in die Mitte eine Vertiefung drücken (Abb. 1).
2. Zwei Eier und das Eiweiß in die Mulde geben und dort mit dem Öl und etwas Salz vermischen (Abb. 2).
3. Danach das Ganze gut verrühren und den Teig in eine Frischhaltefolie gewickelt ca. 30 Minuten im Kühlschrank ruhen lassen.
4. Die Sellerieknolle schälen und fein reiben (Abb. 3).
5. Die Zwiebeln ebenfalls schälen und in sehr feine Würfel schneiden (Abb. 4). Den Speck in feine Streifen schneiden (Abb. 5) und in einer Pfanne auslassen (Abb. 6). Die Zwiebelwürfel dazugeben und glasig schwitzen. Die Sellerieraspeln dazugeben und kurz mitdünsten.
6. Die Füllung mit Salz, Pfeffer und Muskat abschmecken und mit zwei Eßlöffeln gehackter Petersilie verfeinern. Abkühlen lassen.
7. Die restlichen Eier in die Füllung rühren.
8. Den Nudelteig auf einer bemehlten Arbeitsfläche dünn ausrollen (Abb. 7). Mit einem Ausstecher runde Ravioli formen (Abb. 8).
9. Auf jede der Ravioli ca. 1 Eßlöffel Füllung geben (Abb. 9). Zusammenklappen und die Ränder fest zusammendrücken (Abb. 10).
10. Man kann Ravioli auch mit einer Nudelmaschine herstellen (Abb. 11). Hierbei ist zu beachten, daß man die Ravioli erst nach dem Trocknen auseinanderbrechen kann (Abb. 12).
11. Die Ravioli in kochendes Salzwasser geben und ca. 5 Minuten kochen lassen (Abb. 13).
12. Herausnehmen, abschrecken und mit der flüssigen Butter begießen. Mit einem Eßlöffel gehackter Petersilie bestreuen und mit frischer Petersilie garniert servieren.

Pro Portion
ca. 3554 kJ/846 kcal
Vorbereitungszeit: 1 Stunde
Zubereitungszeit: 15 Minuten

Abb. 1

Abb. 2

Abb. 3

Abb. 4

Abb. 5

Abb. 6

Abb. 7

Abb. 8

TIP

Muskat sollten Sie immer nur frisch gerieben verwenden, da sich das zart duftende Aroma erst dann richtig entfaltet. Bei längerer Lagerung in geriebener oder pulverisierter Form verflüchtigt es sich.

Abb. 9

Abb. 10

Abb. 11

Abb. 12

Abb. 13

Nudelpudding mit Feigen

300 g Mehl
6 Eier
Salz
1/2 l Milch
1 Päckchen Vanillinzucker
2 El Zucker
Zimt
50 g Butter
50 g Zucker
250 g frische Feigen
Butter für die Form
4 El Vanillesauce (Fertigprodukt)
Feigen und Minzezweige zum Garnieren

1. Das Mehl mit drei Eiern und Salz zu einem festen Teig kneten (Abb. 1). Den Teig in eine Frischhaltefolie wickeln und im Kühlschrank ca. 30 Minuten ruhen lassen.
2. Mit der Nudelmaschine dünn ausrollen (Abb. 2) und zu gewellten Bandnudeln schneiden (Abb. 3).
3. Die Milch mit dem Vanillinzucker, dem Zucker und Zimt zum Kochen bringen. Die Nudeln hineingeben und das Ganze zu einem dicklichen Brei kochen (Abb. 4).
4. Die Butter mit dem Zucker schaumig schlagen. Die restlichen Eier trennen. Das Eigelb zu der Butter geben und mit schaumig schlagen.
5. Das Eiweiß steif schlagen. Die Nudelmasse mit dem Eigelb mischen.
6. Die Feigen putzen, waschen und in Würfel schneiden. Zu der Puddingmasse geben.
7. Das Eiweiß darunterheben und das Ganze in eine gebutterte, hitzebeständige Form füllen.
8. Im Wasserdampf ca. 45 Minuten garen (Abb. 5).
9. Den Pudding aus der Form stürzen und auf der Vanillesauce anrichten. Mit Feigen und Minzezweigen garniert servieren.

Pro Portion
ca. 2898 kJ/690 kcal
Vorbereitungszeit: 70 Minuten
Zubereitungszeit: 45 Minuten

Abb. 1

Abb. 2

Abb. 3

Abb. 4

Abb. 5

Hausmacher Spätzle

350 g Mehl
4 Eier
Salz
2 El Butter
2 El gehackte Petersilie
Petersilie zum Garnieren

1. Das Mehl mit den Eiern und Salz zu einem einheitlichen Teig schlagen. Der Teig muß so lange gerührt werden, bis er Blasen wirft.
2. In einem großen Topf ausreichend Salzwasser zum Kochen bringen.
3. Den Spätzleteig portionsweise auf ein Spätzlebrett geben und die Spätzle in das Wasser schaben. Man kann auch eine Spätzlepresse benutzen.
4. Wenn die Spätzle oben auf dem Wasser schwimmen, sind sie gar.
5. Herausnehmen, abtropfen lassen und mit kaltem Wasser abschrecken.
6. Die Butter erhitzen, die Spätzle und die gehackte Petersilie dazugeben und das Ganze darin wieder erwärmen.
7. Die Spätzle anrichten, mit Petersilie garnieren und servieren.

Pro Portion
ca. 1856 kJ/442kcal
Vorbereitungszeit: 15 Minuten
Zubereitungszeit: 15 Minuten

Leberspätzle

Bei dieser Variation wird die Hälfte des Mehles durch 175 g feines Leberpüree (Leberscheiben durch die feinste Scheibe des Fleischwolfes gedreht) ersetzt. Außerdem wird der Teig nur mit 2 Eiern zubereitet. Die weitere Zubereitung ist die gleiche wie im Hauptrezept beschrieben.

Pro Portion
ca. 1037 kJ/247 kcal
Vorbereitungszeit: 25 Minuten
Zubereitungszeit: 15 Minuten

Spinatspätzle

Bei dieser Variation wird noch zusätzlich 125 g pürierter Spinat in den Spätzleteig gegeben. Der Teig wird abgeschmeckt mit Salz, Pfeffer und Muskat. Die Petersilie entfällt. Die weitere Zubereitung ist die gleiche wie beschrieben.

Pro Portion
ca. 1659 kJ/395 kcal
Vorbereitungszeit: 25 Minuten
Zubereitungszeit: 15 Minuten

Sauerkrautspätzle

1 kleine Dose Sauerkraut (125 g) abtropfen lassen und durch die feinste Scheibe des Fleischwolfes drehen. Das Ganze unter den Spätzleteig rühren und weiter zubereiten, wie im Hauptrezept beschrieben.

Pro Portion
ca. 1651 kJ/393 kcal
Vorbereitungszeit: 25 Minuten
Zubereitungszeit: 15 Minuten

Dinkelnudel-Röllchen

200 g Spinat
500 g Dinkelmehl
Salz
2 El Öl
1 rote Zwiebel
1 El Olivenöl
300 g gemischtes Hackfleisch
1 Dose geschälte Tomaten (375 g)
1 Tl Chilipulver
2 Tl getrocknete, italienische Kräuter
200 g Mozzarella
30 g Butter
40 g Mehl
200 g süße Sahne
3 El geriebener Käse
Fett für die Form
Glatte Petersilie und Tomatenachtel zum Garnieren

1. Den Spinat putzen, waschen und in einem Topf mit wenig Wasser kurz dünsten. Anschließend pürieren (Abb. 1).
2. Das Dinkelmehl mit 1/4 l Wasser, Salz und dem Öl zu einem glatten Teig verkneten. Das Spinatpüree einkneten und den Teig in Frischhaltefolie gewickelt ca. 30 Minuten ruhen lassen.
3. In der Zwischenzeit die Zwiebel schälen und in feine Würfel schneiden. Das Olivenöl erhitzen und die Zwiebelwürfel darin anschwitzen.
4. Das Hackfleisch dazugeben und anbraten. Die Tomaten mit der Flüssigkeit in die Pfanne geben und aufkochen lassen. Das Ganze mit Salz, Chilipulver und den Kräutern abschmecken.
5. Den Mozzarella in Würfel schneiden und zu der Füllung geben.
6. Die Butter erhitzen und das Mehl einrühren, anschwitzen lassen und mit der Sahne ablöschen. Zum Kochen bringen und den Käse hineinrühren. Die Käsesauce mit Salz abschmecken. Bereitstellen.
7. Den Nudelteig ausrollen und Rechtecke von 12 x 15 cm ausschneiden (Abb. 2). Die Platten in reichlich kochendem Salzwasser ca. 5 Minuten garen. Abschrecken und die Füllung darauf geben (Abb. 3). Zusammenrollen und mit der Naht nach unten in eine gefettete Auflaufform legen.
8. Mit der Käsesauce begießen und im Backofen bei 225 °C ca. 45 Minuten überbacken.
9. Herausnehmen, mit Petersilie und Tomatenachteln garnieren.

Pro Portion
ca. 4958 kJ/1180 kcal
Vorbereitungszeit: 50 Minuten
Zubereitungszeit: 45 Minuten

Abb. 1

Abb. 2

Abb. 3

Abb. 1

Abb. 2

Abb. 3

Milchnudeln mit braunem Zucker

250 g Mehl
1 Ei
20 g Butter
1/2 l Milch
1 Zimtstange
60 g Butterschmalz
2 El brauner Zucker
4 El Vanillesauce (Fertigprodukt)
Minzezweige zum Garnieren

1. Das Mehl mit dem Ei, der Butter und 2 Eßlöffeln Milch zu einem festen Teig rühren. Abgedeckt im Kühlschrank ca. 30 Minuten ruhen lassen.
2. Aus dem Teig mit bemehlten Händen portionsweise lange, dünne Nudeln rollen (Abb. 1).
3. Die Zimtstange mit der restlichen Milch zum Kochen bringen und die Nudeln hineingeben. Unter ständigem Rühren so lange kochen, bis keine Milch mehr vorhanden ist (Abb. 2).
4. Das Butterschmalz mit dem Zucker in eine Pfanne geben und die Nudeln dazugeben. Die Nudeln darin schön braun braten (Abb. 3).
5. Die Nudeln mit der Vanillesauce anrichten und mit Minzezweigen garniert servieren.

Pro Portion
ca. 2011 kJ/479 kcal
Vorbereitungszeit: 45 Minuten
Zubereitungszeit: 30 Minuten

Schinkennudeln

300 g Mehl
3 Eier
Salz
200 g gekochter Schinken
150 g Provolonekäse
1/8 l Instant-Fleischbrühe
50 g Butter
Pfeffer
1 Tl gerebelter Oregano
frische Oreganozweige zum Garnieren

1. Das Mehl mit den Eiern und Salz zu einem festen, aber nicht brüchigen Teig verkneten. Diesen in Frischhaltefolie wickeln und im Kühlschrank ca. 30 Minuten ruhen lassen.
2. In der Zwischenzeit den Schinken in feine Streifen schneiden. Den Provolone fein reiben und das Ganze mit der Fleischbrühe, der Butter und den Gewürzen mischen.
3. Den Nudelteig ausrollen und gewellte Bandnudeln ausschneiden bzw. mit der Nudelmaschine formen.
4. Die Nudeln etwas zum Trocknen aufhängen und anschließend in ausreichend Salzwasser halb gar kochen.
5. Auf ein Sieb geben, abtropfen lassen und unter fließendem kaltem Wasser abkühlen.
6. Danach mit der gewürzten Fleischbrühe in einen Topf geben und das Ganze zum Kochen bringen. Unter ständigem Rühren so lange kochen lassen, bis die Flüssigkeit verdampft ist.
7. Anrichten, mit Oreganozweigen garnieren und servieren.

Pro Portion
ca. 2919 kJ/695 kcal
Vorbereitungszeit: 45 Minuten
Zubereitungszeit: 30 Minuten

TIP

Wenn Sie die Schinkennudeln in einem zarten Kalbs- oder Geflügelfond garen, bekommen Sie eine besonders pikante Note.

Nudelpuffer mit Tabascocreme

300 g Buchweizenmehl
Salz
3 Eier
Pfeffer
Paprika
1 Bund gemischte Kräuter (Majoran, Oregano, Basilikum, Rosmarin)
2 El Crème fraîche
1 Becher Joghurt (150 g)
1 El Tomatenmark
Tabasco
2 cl Weinbrand
1 El Öl zum Braten
Glatte Petersilie und Tomatenscheiben zum Garnieren

1. Das Mehl mit 1/8 l Wasser und Salz zu einem festen, aber nicht brüchigen Teig verkneten. In Frischhaltefolie wickeln und im Kühlschrank ca. 30 Minuten ruhen lassen.
2. In der Zwischenzeit die Eier mit Salz, Pfeffer und Paprika verquirlen.
3. Die Kräuter waschen, trockenschleudern und fein wiegen. Mit zu den Eiern geben.
4. Die Crème fraîche mit dem Joghurt glattrühren. Das Tomatenmark dazugeben und die Creme mit Salz, Pfeffer, Paprika, Tabasco und Weinbrand abschmecken. Die Creme bereitstellen.
5. Den Nudelteig ausrollen und Bandnudeln ausschneiden bzw. mit einer Nudelmaschine formen. Die Nudeln über einen Kochlöffel kurz zum Trocknen „aufhängen".
6. Danach in kochendem Salzwasser ca. 5 Minuten garen lassen. Abschütten, auf ein Sieb geben und unter fließendem kaltem Wasser abspülen.
7. Mit den Eiern vermischen und in einer Pfanne mit dem erhitzten Öl kleine Puffer ausbacken.
8. Einen Puffer mit der Tabascocreme bestreichen und einen zweiten obenauf setzen. Die Nudelpuffer alle so anrichten und mit glatter Petersilie und Tomatenscheiben garniert servieren.

Pro Portion
ca. 1639 kJ/390 kcal
Vorbereitungszeit: 45 Minuten
Zubereitungszeit: 30 Minuten

Fritierte Wan-Tan-Beutel

300 g Mehl
1/2 Tl Butterschmalz
250 g gekochter Schinken
100 g Krabbenfleisch aus der Dose
2 Knoblauchzehen
1 Frühlingszwiebel
3 El Sojabohnenkeime (frisch oder aus der Dose)
2 dicke Möhren
1 El gehacktes Koriandergrün
Salz
Pfeffer
Zucker
Sojasauce
ein paar dünne Streifen Lauch zum Zusammenbinden
Fett zum Fritieren
Schnittlauch zum Garnieren

1. Das Mehl mit 150 ml Wasser und dem Butterschmalz zu einem Nudelteig verkneten. Diesen in Frischhaltefolie gewickelt ca. 30 Minuten im Kühlschrank ruhen lassen.
2. In der Zwischenzeit den gekochten Schinken in feine Würfel schneiden. Das Krabbenfleisch auf ein Sieb geben und abtropfen lassen. Ebenfalls fein würfeln.
3. Die Knoblauchzehen schälen und fein zerdrücken. Die Frühlingszwiebel in feine Röllchen schneiden.
4. Die Sojabohnenkeime eventuell waschen oder abtropfen lassen. Die Möhren schälen und in feine Streifen schneiden.
5. Die gesamten Füllungszutaten mischen, das Koriandergrün darunter geben und alles mit Salz, Pfeffer, Zucker und Sojasauce kräftig abschmecken.
6. Den Teig ausrollen und Quadrate von 12 cm Kantenlänge ausschneiden.
7. Die Füllung in die Mitte geben und die Teigplatten oben zusammennehmen und zu Beuteln formen. Die Ränder fest andrücken und mit den Lauchstreifen zusammenbinden.
8. Die Wan-Tan-Beutel in einer Friteuse ca. 3 Minuten im heißen Fett ausbacken.
9. Die fertigen Wan-Tan-Beutel anrichten, mit Schnittlauch garnieren und servieren.

Pro Portion
ca. 946 kJ/225 kcal
Vorbereitungszeit: 50 Minuten
Zubereitungszeit: 10 Minuten

Möhrennester mit Wurstklößchen

3 dicke Möhren
Salz
300 g Mehl
3 Eier
400 g Kalbsbrät
Pfeffer
Paprikapulver
2 El Butter zum Braten
250 g Tomatenwürfel mit Kräutern (Fertigprodukt)
Estragonblättchen zum Garnieren

1. Die Möhren schälen und in grobe Stücke schneiden. In ausreichend Salzwasser ca. 20 Minuten gar kochen. Danach pürieren und erkalten lassen.
2. Das Mehl mit den Eiern und Salz zu einem festen Nudelteig verkneten. Das Möhrenpüree hineinkneten. Ist der Teig nun zu flüssig geworden, gibt man noch etwas Mehl dazu. Den Teig in eine Frischhaltefolie wickeln und ca. 30 Minuten in den Kühlschrank legen.
3. In der Zwischenzeit das Kalbsbrät mit Salz, Pfeffer und Paprikapulver abschmecken. Zu Klößchen formen und in der erhitzten Butter knusprig braun braten.
4. Die Tomatenwürfel dazugeben und das Ganze zum Kochen bringen. Die Sauce warm stellen.
5. Den Nudelteig dünn ausrollen und mit einer Nudelmaschine daraus Spaghetti formen. Diese in ausreichend Salzwasser 5 Minuten sprudelnd kochen lassen. Abgießen, abschrecken und zu Nestern zusammenlegen.
6. Diese Nudelnester auf Tellern anrichten und die Klößchen mit der Sauce hineingeben. Das Ganze mit Estragonblättern garnieren und servieren.

Pro Portion
ca. 1937 kJ/461 kcal
Vorbereitungszeit: 1 Stunde
Zubereitungszeit: 15 Minuten

Runde Nudeln mit Dickmilch

300 g Mehl
3 Eier
Salz
1 l Milch zum Kochen
1 El Butter zum Braten
1 Becher Dickmilch (250 ml)
Saft 1/2 Zitrone
Obstdicksaft
Haselnußkrokant zum Bestreuen
Zitronenmelisse zum Garnieren

1. Das Mehl mit den Eiern und etwas Salz zu einem festen Teig verkneten (Abb. 1). Diesen in Frischhaltefolie gewickelt ca. 30 Minuten im Kühlschrank ruhen lassen.
2. Aus dem Teig kleine Kugeln formen (Abb. 2) und diese in ausreichend kochender Milch ca. 5 Minuten garen (Abb. 3).
3. Abgießen und in der erhitzten Butter ca. 5 Minuten von allen Seiten braun braten (Abb. 4).
4. Die Dickmilch mit dem Zitronensaft und dem Obstdicksaft abschmekken (Abb. 5) und zu den runden Nudeln reichen.
5. Das Ganze anrichten, mit dem Krokant bestreuen und mit Zitronenmelisse garniert servieren.

Pro Portion
ca. 1516 kJ/361 kcal
Vorbereitungszeit: 40 Minuten
Zubereitungszeit: 20 Minuten

Abb. 1

Abb. 2

Abb. 4

Abb. 3

Abb. 5

Maultaschen

500 g Mehl
4 Eier
Salz
300 g Schweinemett
4 Zwiebeln
400 g Sauerampfer
Pfeffer
Muskat
1 Bund Petersilie
1 l Instant-Fleischbrühe
Gehackte Petersilie zum Bestreuen

1. Das Mehl in eine Schüssel sieben und mit den Eiern und etwas Salz zu einem einheitlichen Teig verkneten.
2. Den Teig halbieren und einzeln dünn ausrollen. Auf einer Teigplatte Quadrate von 6 cm Kantenlänge anzeichnen.
3. Das Mett in eine Schüssel geben. Die Zwiebeln schälen und fein hakken. Den Sauerampfer putzen, waschen und in wenig Wasser kurz andünsten. Danach durch die grobe Scheibe des Fleischwolfes drehen.
4. Die Füllungszutaten miteinander vermischen und mit Pfeffer und Muskat abschmecken. Die Petersilie waschen, trockenschleudern und fein hacken. Unter die Füllung heben.
5. Die Füllung in die Mitte der eingezeichneten Quadrate geben. Die zweite Teigplatte darüber legen und in den Zwischenräumen fest andrücken. Die Maultaschen ausschneiden oder mit einem Teigrädchen ausrädeln.
6. Die Fleischbrühe zum Kochen bringen. Die Maultaschen hineingeben und darin garen. Die Taschen sind fertig, wenn sie oben schwimmen.
7. Man kann die Maultaschen in der Brühe, aber auch ohne Brühe servieren. Mit gehackter Petersilie garnieren und anrichten.

Pro Portion
ca. 3421 kJ/814 kcal
Vorbereitungszeit: 45 Minuten
Zubereitungszeit: 15 Minuten

Geschmälzte Maultaschen

100 g durchwachsenen Speck in Streifen schneiden und auslassen. 2 Zwiebeln in Ringe schneiden und in dem Bratfett glasig dünsten. 4 Eßlöffel Paniermehl dazugeben und goldgelb rösten. Diese Mischung über die fertigen Maultaschen geben und sie servieren.

Pro Portion
ca. 4258 kJ/1014 kcal
Vorbereitungszeit: 45 Minuten
Zubereitungszeit: 30 Minuten

Geröstete Maultaschen

Die fertigen Maultaschen abkühlen lassen und in Streifen schneiden. Diese Streifen in erhitztem Öl knusprig braten. Mit gehackter Petersilie bestreuen und anrichten.

Pro Portion
ca. 3512 kJ/836 kcal
Vorbereitungszeit: 45 Minuten
Zubereitungszeit: 30 Minuten

Saure Maultaschen

Die fertigen Maultaschen werden in einer sauren Sauce serviert. Hierfür wird 30 g Butter erhitzt und 40 g Mehl hineingerührt. Anschwitzen lassen und mit 250 ml Instant-Fleischbrühe ablöschen. Die Brühe aufkochen lassen und mit Salz und Pfeffer abschmecken. 200 g saure Sahne hineinrühren und die Maultaschen darin servieren.

Pro Portion
ca. 4055 kJ/965 kcal
Vorbereitungszeit: 45 Minuten
Zubereitungszeit: 30 Minuten

Gratinierte Spaghetti

300 g Mehl
3 Eier
Salz
3 El Pinienkerne
2 Knoblauchzehen
50 g geriebener Greyerzer Käse
3 Bund Petersilie
250 ml Olivenöl
Pfeffer
4 El grob gemahlene Weizenkörner
4 El Gerstengrütze
3 El gehackte Pinienkerne
Glatte Petersilie zum Garnieren

1. Das Mehl mit den Eiern und etwas Salz zu einem Nudelteig verkneten. Diesen in Frischhaltefolie wickeln und ca. 30 Minuten im Kühlschrank ruhen lassen.
2. In der Zwischenzeit die Pinienkerne mit den geschälten Knoblauchzehen und dem Käse in einem Mörser fein zerstoßen (Abb. 1). Die Petersilie waschen, trockenschleudern, die Blättchen abzupfen und dazugeben. Alles miteinander weiterstampfen (Abb. 2). 100 ml Olivenöl tröpfchenweise unter Rühren dazugeben (Abb. 3). Mit Salz und Pfeffer abschmecken und bereitstellen.
3. Den Nudelteig ausrollen und mit Hilfe einer Nudelmaschine zu Spaghetti formen. Diese in genug Salzwasser "al dente" kochen.
4. Auf ein Sieb geben, abtropfen lassen und mit kaltem Wasser abschrecken.
5. Die Spaghetti mit dem Petersilienpesto verrühren und in eine Auflaufform füllen.
6. Das restliche Öl mit den Weizenkörnern, der Gerstengrütze und den gehackten Pinienkernen vermischen. Mit Salz und Pfeffer abschmecken.
7. Diese Paste über die Spaghetti streichen und im Backofen bei 200 °C ca. 20 Minuten gratinieren.

Pro Portion
ca. 4111 kJ/975 kcal
Vorbereitungszeit: 50 Minuten
Zubereitungszeit: 20 Minuten

Abb. 1

Abb. 2

Abb. 3

Abb. 1

Abb. 2

Abb. 3

Haferspätzle mit Kalbfleischsauce

450 g Hafer-Vollkornmehl
50 g Weizenmehl
6 Eier
4 El Butter
Salz
2 El Tomatenmark
1 Schalotte
2 El Olivenöl
250 g Austernpilze
300 g Kalbshackfleisch
Pfeffer
Saft 1/2 Zitrone
1/8 l Kalbsfond
1 Tl Kartoffelstärke
Salbeizweige zum Garnieren

1. Aus dem Hafer-Vollkornmehl, dem Weizenmehl, den Eiern, 1/4 l Wasser, der Butter, Salz und dem Tomatenmark einen roten Spätzleteig rühren (Abb. 1). Falls der Teig noch nicht rot genug ist, kann man ihn mit Tomatenmark nachfärben.
2. Die Schalotte schälen und in feine Würfel schneiden. Das Olivenöl erhitzen und die Schalottenwürfel darin anschwitzen.
3. Die Pilze putzen, waschen und eventuell halbieren. Dazugeben und mit anschwitzen. Das Kalbshackfleisch ebenfalls dazugeben und gut anbraten.
4. Mit Pfeffer und dem Zitronensaft abschmecken und mit dem Kalbsfond ablöschen. Aufkochen lassen. Wer mag, kann die Sauce auch mit etwas angerührter Kartoffelstärke andicken.
5. Die Spätzle mit einer Spätzlepresse (Abb. 2) oder mit dem Spätzlebrett (Abb. 3) in kochendes Salzwasser geben. Wenn sie oben schwimmen, sind sie gar. Herausnehmen und mit der Sauce anrichten.
7. Mit Salbeizweigen garnieren und servieren.

Pro Portion
ca. 3626 kJ/863 kcal
Vorbereitungszeit: 20 Minuten
Zubereitungszeit: 30 Minuten

TIP

Frische Steinpilze sind sehr teuer und schwer zu bekommen. Allerdings sind getrocknete Pilze nur ein schwacher Ersatz. Greifen Sie lieber zu frischen Austernpilzen oder braunen Champignons, falls Sie keine Steinpilze bekommen.

Vollkornnudeln mit Steinpilzen

300 g Weizenvollkornmehl
2 Eier
Salz
200 g Steinpilze
2 Frühlingszwiebeln
1 Fenchelknolle
50 g Butter
200 g süße Sahne
Pfeffer
Fenchelgrün zum Garnieren

1. Das Mehl mit den Eiern, Salz und 1 Eßlöffel Wasser zu einem Nudelteig verkneten. Diesen in Frischhaltefolie gewickelt im Kühlschrank ca. 30 Minuten ruhen lassen.
2. In der Zwischenzeit die Steinpilze putzen, waschen und in Scheiben schneiden.
3. Die Frühlingszwiebeln in grobe Stücke schneiden. Die Fenchelknolle putzen, waschen, die äußeren Blätter entfernen und längs in Scheiben schneiden.
4. Die Butter in einer Pfanne erhitzen und das Gemüse darin dünsten.
5. Die Sahne dazugeben und etwas einkochen lassen. Die Sauce mit Salz und Pfeffer abschmecken.
6. Den Nudelteig ausrollen und mit Hilfe der Nudelmaschine Bandnudeln ausschneiden. Die Nudeln in kochendes Salzwasser geben und ca. 5 Minuten kochen lassen. Abschütten, mit kaltem Wasser abschrecken und zusammen mit der Sauce auf Tellern anrichten.
7. Mit Fenchelgrün garnieren und servieren.

Pro Portion
ca. 2460 kJ/587 kcal
Vorbereitungszeit: 45 Minuten
Zubereitungszeit: 15 Minuten

Orientalische Nudeltaschen

300 g Mehl
2 Eier
Salz
300 g Lammfleisch bzw. Lammhackfleisch
400 g Schalotten
2 Feigen
1 Bund Kerbel
Pfeffer
Zucker
Curry
4 Tomaten
2 Knoblauchzehen
1 Bund Rosmarin
Essig
Rosmarin zum Garnieren

1. Das Mehl mit den Eiern und Salz zu einem festen Teig verkneten (Abb. 1). Den Teig in eine Frischhaltefolie wickeln und im Kühlschrank ca. 30 Minuten ruhen lassen.
2. In der Zwischenzeit die Füllung zubereiten. Dafür das Lammfleisch durch die grobe Scheibe des Fleischwolfes drehen (Abb. 2). Die Schalotten schälen und in feine Würfel schneiden.
3. Die Feigen waschen und ebenfalls in Würfel schneiden. Den Kerbel waschen, trockenschleudern und fein hacken. Das Lammhackfleisch mit den Schalotten, den Feigen und dem gehackten Kerbel vermischen (Abb. 3). Die Füllung mit Salz, Pfeffer, Zucker und Curry abschmecken.
4. Den Nudelteig halbieren und auf einer bemehlten Arbeitsfläche zu zwei Platten ausrollen (Abb. 4).
5. Auf einer Teigplatte Quadrate von jeweils 6 cm Kantenlänge anzeichnen (Abb. 5).
6. Jeweils 1 Eßlöffel der Füllung in die Mitte der Quadrate setzen (Abb. 6) und die zweite Teigplatte darüber legen (Abb. 7). Die Zwischenräume fest andrücken und mit einem Teigrädchen die Quadrate ausrädeln (Abb. 8).
7. Die Fettpfanne des Backofens mit Wasser füllen, die Nudeltaschen auf ein Rost legen und dieses über die Fettpfanne hängen (Abb. 9).
8. Die Nudeltaschen mit Alufolie abdecken (Abb. 10) und im Backofen bei 225 °C ca. 40 Minuten backen.
9. Die Tomaten kreuzweise einritzen (Abb. 11), mit kochendem Wasser überbrühen (Abb. 12) und die Haut abziehen (Abb. 13). Danach in kleine Würfel schneiden. Die Knoblauchzehen ebenfalls fein hacken. Mit den Tomaten vermischen.
10. Den Rosmarin waschen und die Blättchen abzupfen. In die Tomatensauce geben und diese mit Salz, Pfeffer und Essig abschmecken.
11. Die Sauce zu den Nudeltaschen servieren und mit Rosmarin garnieren.

Pro Portion
ca. 1965 kJ/468 kcal
Vorbereitungszeit: 1 Stunde
Zubereitungszeit: 45 Minuten

Abb. 1

Abb. 2

Abb. 3

Abb. 4

Abb. 5

Abb. 6

Abb. 7

Abb. 8

TIP

Knoblauch-Liebhaber schmecken die Fleischfüllung ebenfalls mit einem Hauch dieser herrlichen Knollen ab.

Abb. 9

Abb. 10

Abb. 11

Abb. 12

Abb. 13

Milchsuppe mit Nudelwürfeln

300 g Mehl
Salz
1 l Milch
Zucker nach Geschmack
1 Päckchen Vanillepuddingpulver
1 Ei
2 El kalte Milch
Zimt und Zucker zum Bestreuen
Zitronenmelisse zum Garnieren

1. Das Mehl mit 180 ml Wasser und etwas Salz zu einem Nudelteig verkneten (Abb. 1). Diesen in Frischhaltefolie wickeln und im Kühlschrank ca. 30 Minuten ruhen lassen.
2. Danach den Teig auf einer bemehlten Arbeitsfläche ca. 1 cm dick ausrollen (Abb. 2) und kleine Würfel ausschneiden (Abb. 3).
3. Die Milch mit Zucker nach Geschmack zum Kochen bringen und die Nudelwürfel hineingeben. Ca. 5 Minuten kochen lassen (Abb. 4).
4. Das Puddingpulver mit dem Ei und der kalten Milch anrühren und in die kochende Milch geben (Abb. 5). Einmal aufkochen lassen und mit Zimt-Zucker bestreut servieren.

Pro Portion
ca. 2266 kJ/539 kcal
Vorbereitungszeit: 30 Minuten
Zubereitungszeit: 20 Minuten

Abb. 1

Abb. 2

Abb. 3

Abb. 4

Abb. 5

Süße Lasagne

300 g Mehl
Salz
50 g Rosinen
4 Eier
100 g Zucker
Saft und Schale 1 Zitrone
500 g Mascarpone
3 Bananen
Fett für die Form
1/2 l Milch
1 El gemahlene Pinienkerne
Minzezweige zum Garnieren

1. Das Mehl mit 180 ml Wasser und etwas Salz zu einem Nudelteig verkneten. Diesen in Frischhaltefolie gewickelt im Kühlschrank ca. 30 Minuten ruhen lassen.
2. In der Zwischenzeit die Rosinen abspülen und abtropfen lassen.
3. Drei der Eier mit 75 g Zucker, dem Saft und der geriebenen Schale der Zitrone, den Rosinen und dem Mascarpone verrühren.
4. Die Bananen schälen und in Scheiben schneiden.
5. Den Nudelteig auf einer bemehlten Arbeitsfläche dünn ausrollen und in 20 x 10 cm große Rechtecke schneiden. Diese in kochendem Salzwasser ca. 5 Minuten garen.
6. Abgießen und mit kaltem Wasser abschrecken und abtropfen lassen.
7. Eine Platte in eine gefettete Auflaufform legen. Etwas von der Käsecreme darüber streichen und ein paar Bananenscheiben darauf geben. Eine weitere Nudelplatte darauf legen und wieder die Käsecreme und Bananenscheiben darüber geben. So lange weiterschichten, bis die Zutaten verbraucht sind.
8. Die Milch mit dem restlichen Ei und dem restlichen Zucker verquirlen. Die Pinienkerne daruntergeben und das Ganze über die Lasagne gießen.
9. Diese im Backofen bei 225 °C ca. 40 Minuten backen. Mit Minzezweigen garniert servieren.

Pro Portion
ca. 4229 kJ/1007 kcal
Vorbereitungszeit: 1 Stunde
Zubereitungszeit: 40 Minuten

Süße Lasagne mit Grapefruit und Ananas

Anstelle der Bananenscheiben werden Filets von 2 rosa Grapefruits und 1 kleine Dose Ananaswürfel in die Lasagne geschichtet. Die weitere Zubereitung ist die gleiche wie im Hauptrezept beschrieben.

Pro Portion
ca. 4321 kJ/1029 kcal
Vorbereitungszeit: 1 Stunde
Zubereitungszeit: 40 Minuten

Süße Lasagne mit Birnen und Pflaumen

2 Birnen schälen, entkernen und in Spalten schneiden. 250 g frische Pflaumen entkernen und in Streifen schneiden. Diese beiden Obstsorten anstelle der Bananenscheiben in die Lasagne schichten.

Pro Portion
ca. 4215 kJ/1003 kcal
Vorbereitungszeit: 1 Stunde
Zubereitungszeit: 40 Minuten

Süße Lasagne mit Brombeeren

500 g Brombeeren putzen, waschen und pürieren. Mit 1 El Brombeergeist und Zucker nach Geschmack würzen und abwechselnd mit der Käsecreme und den Lasagneblättern in die Form schichten. Die restliche Zubereitung ist die gleiche wie beschrieben.

Pro Portion
ca. 4172 kJ/993 kcal
Vorbereitungszeit: 1 Stunde
Zubereitungszeit: 40 Minuten

Schwarz-weißer Nudelzopf

300 g Mehl
2 Eier
Salz
1 Tl Kakaopulver
300 g schwarze Oliven ohne Stein
2 Knoblauchzehen
1 Becher Crème double (200 g)
Pfeffer
Saft 1 Zitrone
1 Bund Basilikum
Basilikum zum Garnieren

1. Das Mehl mit den Eiern und etwas Salz zu einem Nudelteig verkneten. Ein Drittel des Teiges mit dem Kakaopulver schwarz färben. Die beiden Teige getrennt in Frischhaltefolie wickeln und im Kühlschrank ca. 30 Minuten ruhen lassen.
2. Für die Sauce die Oliven fein pürieren. Die Knoblauchzehen fein zerdrücken.
3. Die Crème double in einen Topf geben und aufkochen lassen. Langsam unter Rühren das Olivenpüree mit den zerdrückten Knoblauchzehen dazugeben. Die Sauce mit Salz, Pfeffer und Zitronensaft abschmecken.
4. Das Basilikum waschen, trockenschleudern und fein schneiden. Dann unter die Sauce rühren.
5. Die Nudelteige getrennt ausrollen und mit Hilfe der Nudelmaschine in Spaghetti schneiden. Die weißen Spaghetti in zwei Portionen teilen. Die nun entstandenen drei Bündel Spaghetti an den Enden mit einem Bindfaden locker zusammenbinden (Abb. 1).
6. Die Spaghetti in kochendem Salzwasser ca. 5 Minuten kochen lassen (Abb. 2).
7. Auf ein Sieb geben und abtropfen lassen. Die Bindfäden lösen und aus den drei Strängen einen Zopf flechten (Abb. 3).
8. Den Nudelzopf mit der Sauce anrichten und mit Basilikumzweigen garniert servieren.

Pro Portion
ca. 3019 kJ/718 kcal
Vorbereitungszeit: 50 Minuten
Zubereitungszeit: 20 Minuten

Abb. 1

Abb. 2

Abb. 3

Abb. 1

Abb. 2

Abb. 3

Scharfe Kräuter-Tortellini

300 g Mehl
2 Eier
Salz
2 kleine Pfefferschoten
1 Fleischtomate
2 rote Zwiebeln
1 Knoblauchzehe
2 El geriebener Parmesankäse
je 2 El frisch gehacktes Basilikum, Salbei, Oregano
150 g gemischtes Hackfleisch
Cayennepfeffer
2 El Butter zum Schwenken
Basilikum zum Garnieren

1. Das Mehl mit den Eiern und Salz zu einem Nudelteig kneten. Diesen in Frischhaltefolie gewickelt für 30 Minuten in den Kühlschrank legen.

2. In der Zwischenzeit die Füllung vorbereiten. Hierfür die Pfefferschoten putzen, waschen, halbieren, die weißen Kerne entfernen und fein hacken. Die Fleischtomate enthäuten und entkernen. Danach in Würfel schneiden. Die Zwiebeln ebenfalls in feine Würfel schneiden. Die Knoblauchzehe schälen und fein hacken.
3. Den Käse mit den Kräutern und dem Hackfleisch mischen. Die gehackten Pfefferschoten und die Tomaten- und Zwiebelwürfel sowie den Knoblauch dazugeben und alles mit Salz und Cayennepfeffer scharf abschmecken.
4. Den Nudelteig auf einer bemehlten Arbeitsfläche dünn ausrollen (Abb. 1). Aus dem Teig Quadrate von 6 cm Kantenlänge ausschneiden. Jeweils 1 Teelöffel Füllung in die Mitte geben und die Quadrate zu Dreiecken falten (Abb. 2). Die beiden Ecken zur Mitte hin biegen und fest zusammendrücken (Abb. 3).
5. Die Tortellini in kochendem Salzwasser ca. 5 Minuten garen. Herausnehmen, abtropfen lassen, kalt abspülen und in der erhitzten Butter schwenken. Mit Basilikum garniert servieren.

Pro Portion
ca. 1852 kJ/441 kcal
Vorbereitungszeit: 50 Minuten
Zubereitungszeit: 15 Minuten

Rezeptverzeichnis